O guia passo-a-passo para negociação e vendas em qualquer ramo de negócio

I0427163

APRESENTAÇÃO

REGINALDO OSNILDO

APRESENTAÇÃO

É com grande satisfação que apresento a você este livro: "**O guia passo-a-passo para negociação e vendas em qualquer ramo de negócio**".

Ao longo destes capítulos, você encontrará técnicas e insights poderosos para aprimorar suas habilidades de negociação e alcançar acordos mais vantajosos em qualquer contexto.

Começaremos compreendendo os fundamentos da negociação eficaz, para então mergulharmos em estratégias mais avançadas com base em psicologia, empatia, perguntas certeiras e muito mais. Você aprenderá a lidar com situações desafiadoras, como negociações sob pressão, transformar "nãos" em oportunidades, identificar e explorar informações ocultas.

Cada capítulo foi cuidadosamente pensado para agregar valor real às suas negociações. Com uma linguagem objetiva e exemplos práticos, este conteúdo foi desenvolvido para profissionais de vendas, negociadores e qualquer pessoa que busca maximizar seus resultados por meio da negociação.

Portanto, convido você a embarcar comigo nesta jornada pelo fascinante mundo da negociação estratégica. A cada página, novas portas de prosperidade se abrirão para você.

Vamos começar!

Atenciosamente

Prof. Dr. Reginaldo Osnildo

INTRODUÇÃO À NEGOCIAÇÃO DE ALTO IMPACTO: COMPREENDENDO OS FUNDAMENTOS DA NEGOCIAÇÃO EFICAZ

Bem-vindo ao nosso livro sobre as estratégias avançadas de negociação para maximizar seus resultados. Este primeiro capítulo serve como uma introdução sólida aos fundamentos da negociação eficaz.

Antes de mergulharmos nas táticas e técnicas mais complexas nos próximos capítulos, é essencial construir uma base de conhecimento sobre os elementos centrais de qualquer negociação de sucesso. Com o domínio destes fundamentos, você estará apto a navegar em discussões tensas, lidar com personalidades desafiadoras, e fechar acordos lucrativos mesmo em circunstâncias difíceis.

Neste capítulo de abertura, vamos examinar os seguintes tópicos fundamentais:

- A essência da negociação e porque dominar esta habilidade é tão valioso

- Os 3 principais objetivos em qualquer negociação

- Como se preparar adequadamente para aumentar suas chances de sucesso

- 4 qualidades humanas essenciais de negociadores habilidosos

- Entendendo os diferentes estilos de negociação

- Como construir confiança rapidamente com qualquer pessoa

- Técnicas para descobrir as reais motivações e interesses da outra parte

- Ferramentas para manter o controle emocional sob pressão

Ao final deste capítulo, você terá um mapa mental robusto dos elementos centrais envolvidos em uma negociação altamente eficaz. Estes são os alicerces sobre os quais construiremos no restante do nosso livro. Portanto, convido você a prestar atenção em cada conceito pois eles formam a base para dominar a arte da negociação.

Vamos começar explicando a essência desta habilidade tão valiosa...

A ESSÊNCIA DA NEGOCIAÇÃO: POR QUE ELA É ESSENCIAL?

Muitas pessoas pensam na negociação como uma batalha para "ganhar" ou "perder". Como se houvesse um prêmio fixo na mesa e cada lado estivesse lutando para obter a fatia maior.

Mas, na verdade, a negociação habilidosa envolve uma dança muito mais complexa e sutil com a outra parte. Cada lado chega à mesa com seus próprios interesses, prioridades, insights, restrições e relacionamentos.

Uma negociação eficaz reconhece esta complexidade humana e busca satisfazer ambos os lados da melhor maneira possível. Em vez de derrotar seu oponente, o foco é expandir o bolo para que todos saiam ganhando.

Mestres negociadores entendem que você pode obter muito mais ao construir pontes, estabelecer confiança mútua e entender as motivações do outro.

Além disso, de 10% a 15% da atividade econômica envolve negociação. Quer estejamos buscando um empréstimo, negociando condições de trabalho, fechando uma grande venda ou simplesmente decidindo onde jantar, a negociação está intimamente integrada em quase tudo o que fazemos. Esse é exatamente o motivo pelo qual se tornou uma habilidade humana tão essencial.

Em um mundo de negócios cada vez mais complexo e competitivo, saber negociar pode significar a diferença entre o sucesso e o fracasso. As pessoas que dominam esta arte possuem uma vantagem distinta em todas as esferas da vida.

Portanto, podemos afirmar que:

A negociação habilidosa é a capacidade de interagir eficazmente com outras pessoas para chegar a acordos e resoluções mutuamente aceitáveis.

É uma habilidade humana crítica pois ajuda você a:

- Obter os resultados que deseja sem alienar ou prejudicar as outras partes

- Construir relacionamentos valiosos e duradouros

- Evitar ou resolver conflitos

- Progredir em sua carreira

Aprimorar suas comunicações interpessoais como um todo

Quer estejamos negociando com colegas, clientes, parceiros ou entes queridos, esta competência nos permite navegar nas complexas paisagens humanas que nos cercam para criar soluções de ganho mútuo.

Agora que compreendemos o porquê de a negociação ser tão valiosa, vamos explorar os 3 objetivos principais que persegue qualquer negociador excelente.

OS 3 OBJETIVOS PRINCIPAIS DE TODO NEGOCIADOR HABILIDOSO

Em qualquer negociação, existem 3 metas centrais que devemos buscar alcançar para garantir um resultado bem sucedido:

- Entender as reais necessidades e interesses das outras partes

- Construir confiança e boa vontade mútua

- Chegar a um acordo que satisfaça ambos os lados

Vamos analisar cada um deles em maior profundidade:

ENTENDER AS REAIS NECESSIDADES E INTERESSES DAS

OUTRAS PARTES

Muitas negociações falham porque as partes não compreendem - ou nem mesmo perguntam sobre - as verdadeiras motivações e necessidades umas das outras. Em vez disso, elas ficam presas apenas aos seus próprios interesses.

Negociadores excelentes invertem esta tendência fazendo muitas perguntas abertas para revelar o que realmente está impulsionando a outra parte. Eles ouvem atentamente as respostas sem julgamentos para ganhar insights sinceros.

Descobrir essas motivações ocultas permite que eles criem soluções muito mais criativas que satisfaçam todos os interesses sobre a mesa. Em vez de apenas reagir às demandas da outra parte, eles agora podem apresentar propostas inteiramente novas que atendam às necessidades fundamentais de ambos os lados.

CONSTRUIR CONFIANÇA E BOA VONTADE MÚTUA

Confiança é o lubrificante que permite que qualquer negociação flua suavemente. Sem ela, as discussões ficam travadas por suspeitas, ressentimentos e comunicações ineficazes.

Excelentes negociadores constroem ativamente esta confiança demonstrando genuína boa vontade e integridade durante todo o processo.

Eles se colocam nos sapatos da outra parte para entendê-los mais profundamente. Evitam linguagem antagonista que possa alienar a outra parte. Constroem rapport compartilhando insights e histórias pessoais quando apropriado. E demonstram consistentemente sua confiabilidade seguindo todas as promessas e compromissos que fazem.

O resultado é um ambiente de respeito mútuo e confiança no qual soluções criativas podem florescer.

CHEGAR A UM ACORDO QUE SATISFAÇA AMBOS OS LADOS

O objetivo final de qualquer negociação é fechar um acordo aceitável para todas as partes envolvidas. Sem isso, a interação inteira foi uma perda de tempo e recursos.

Habilidosos negociadores mantêm este resultado final em mente durante todas as discussões. Eles sabem que precisam satisfazer as necessidades da outra parte tanto quanto as próprias se quiserem garantir um acordo.

Por isso, eles passam tanto tempo entendendo os verdadeiros interesses de todos e construindo relacionamentos colaborativos. Quando você cuida bem destes dois primeiros objetivos, chegar a uma resolução lucrativa se torna muito mais viável e fluido.

Agora que examinamos estes 3 objetivos centrais, vamos explorar como se preparar adequadamente antes de qualquer grande negociação para maximizar suas chances de sucesso.

PREPARAÇÃO PROFUNDA: SEU ALICERCE PARA O SUCESSO

A preparação sólida é o que separa negociadores medianos de negociadores excepcionais. É durante estas horas prévias à discussão que você constrói sua fundação de conhecimento, estratégia e confiança.

Infelizmente, a maioria das pessoas não dedica tempo suficiente para esta fase crítica. Elas confiam demais em seus instintos e habilidades naturais de negociação. Embora talento inato certamente ajude, sem preparação adequada você estará em grande desvantagem frente a um oponente mais metódico.

Durante sua preparação prévia, alguns elementos essenciais a serem cobertos incluem:

- Determinar seus interesses e prioridades centrais - Que resultados você absolutamente deve alcançar? Quais áreas você está disposto a ceder?

- Fazer uma pesquisa aprofundada sobre a outra parte - Quais são os objetivos, restrições e estratégias de negociação deles? Você pode descobrir alguma alavanca ou ângulo a explorar?

- Definir sua BATNA (MELHOR ALTERNATIVA PARA ACORDO NEGOCIADO) - Qual é o melhor cenário se você falhar em fechar um acordo agora?

- Descrever opções iniciais de acordo para apresentar

- Mapear perguntas estratégicas para fazer e obter insights importantes sobre os interesses e prioridades deles

- Preparar respostas e estratégias para cenários, exigências e táticas de negociação difíceis

- Revisar sua comunicação verbal e não verbal para exibir confiança e colaboração

Quando você dedica estas várias horas prévias à reflexão estratégica, análise profunda e prática mental, suas chances de sucesso disparam. Você entra na discussão sendo o negociador mais bem preparado e, portanto, o mais convincente na mesa.

Agora que analisamos por que a preparação sólida é tão crítica, vamos explorar as 4 qualidades humanas centrais que todo bom negociador deve cultivar.

AS 4 QUALIDADES HUMANAS FUNDAMENTAIS DE NEGOCIADORES EXCELENTES

Além de dominar processos, estratégias e preparação técnica, grandes negociadores também compartilham certos atributos pessoais essenciais que os tornam tão hábeis. Especificamente, há 4 qualidades humanas fundamentais que você deve tornar parte de sua matriz de negociação:

1 - Paciência

2 - Perspicácia

3 - Confiança

4 - Integridade

A PACIÊNCIA É A CHAVE DA NEGOCIAÇÃO

A paciência é vital por várias razões. Primeiro, negociações complexas geralmente envolvem muitas rodadas prolongadas de discussões antes que um acordo final seja finalizado. Manter a calma sob esta longa tensão é exigente mentalmente.

A paciência também permite que você ouça ativamente a outra parte, ponha-se em seus sapatos e obtenha insights essenciais sobre suas reais motivações. Apressar a outra pessoa ou a discussão apenas resultará em acordos superficiais ou falhas completas.

Além disso, quando surgirem disputas acaloradas ou táticas hostis do outro lado, manter a paciência evita que você se envolva em reações emocionais não produtivas. Você mantém o controle, permanece racional e pode navegar com graça nestes desafios.

A PERSPICÁCIA É A VISÃO DO TODO

Ter uma mente perspicaz e estratégica é o que permite que negociadores habilidosos vejam ângulos, insights e soluções que outras partes perdem. Eles conseguem rapidamente identificar os interesses, necessidades, motivações e preocupações fundamentais em ambos os lados da discussão.

Esta perspicácia lhes dá uma imagem muito mais ampla da situação e das possíveis vias para resolução. Em vez de ficarem presos apenas defendendo seus próprios interesses, eles podem apresentar propostas criativas baseadas nos interesses compartilhados entre as partes.

Sua capacidade de pensar estrategicamente é um ativo enorme em discussões complexas com múltiplas variáveis em jogo. Enquanto outros se perdem nos detalhes, você consegue manter o foco no panorama geral de uma solução ótima.

A CONFIANÇA É A BASE DE TUDO

Toda grande negociação tem momentos de tensão, conflito e incerteza. Demonstrar confiança mesmo nestes momentos turbulentos é absolutamente vital. Quando você projeta confiança em sua postura, tom de voz e linguagem corporal, isso se transfere diretamente para a outra parte.

Em contraste, se você demonstrar fraqueza, hesitação ou desespero, a outra parte detectará isso instantaneamente e usará contra você como alavanca. Suas chances de obter um bom acordo despencam.

Portanto, cultivar uma atitude calma, uma postura poderosa e uma voz tranquila mas assertiva irá servi-lo bem em qualquer negociação, não importa os desafios enfrentados.

A INTEGRIDADE É O QUE CONSTRÓI

A integridade constrói a confiança que lubrifica negociações bem sucedidas. Quando as pessoas percebem que você é confiável, consistente e justo, ficam muito mais propensas a revelar informações importantes e a considerar resoluções criativas.

Negociadores íntegros evitam linguagem ou comportamentos manipuladores apenas para ganhar vantagem. Em vez disso, eles são completamente transparentes sobre seus interesses e estão sempre dispostos a apresentar opções justas que satisfaçam ambos os lados.

Esta forma ética e respeitosa de negociar incentiva a outra parte a corresponder de maneira igualmente colaborativa. Juntos, vocês podem construir confiança, explorar interesses mútuos e chegar a acordos sólidos nos quais todos saem ganhando.

Agora que analisamos as 4 qualidades humanas fundamentais, vamos explorar os diferentes estilos de negociação para que você possa adaptar sua abordagem dependendo da situação e das pessoas envolvidas.

ENTENDENDO OS DIFERENTES ESTILOS DE NEGOCIAÇÃO

Assim como temos estilos únicos de aprendizado, comunicação e liderança, também negociamos de formas distintas. Não existe uma abordagem "correta" universal - apenas aquela mais adequada ao contexto e às pessoas específicas com quem você está interagindo.

Conhecer os diferentes estilos de negociação lhe dá flexibilidade para se adaptar eficientemente a variadas situações:

NEGOCIAÇÃO DISTRIBUTIVA/POSICIONAL

Na negociação distributiva, cada lado adota posições opostas para defender seus interesses. Por exemplo, um comprador quer o preço mais baixo possível de um carro usado, enquanto o vendedor quer o mais alto.
Cada parte compete para "ganhar" a fatia maior.

Embora este possa ser uma abordagem apropriada para alguns cenários, ela geralmente leva a resultados de soma zero nos quais um ganha e o outro perde. Isso prejudica oportunidades para explorar ganhos mútuos.

NEGOCIAÇÃO COOPERATIVA/INTEGRATIVA

A abordagem cooperativa encoraja ambas as partes a colaborar para satisfazer os interesses mútuos à mesa. Em vez de competir sobre posições, há um esforço honesto para entender as necessidades fundamentais de cada um e explorar opções criativas que beneficiem todos os participantes.

A comunicação aberta, empatia e um espírito criativo são componentes centrais desta abordagem colaborativa.

NEGOCIAÇÃO BASEADA EM PRINCÍPIOS

A negociação baseada em princípios foca em alinhar as discussões com valores fundamentais de ética, justiça e respeito mútuo. Em vez de ficar preso a posições ou exigências específicas, cada lado explora opções que reflitam o que é o certo a se fazer dadas as circunstâncias.

Por exemplo, se uma discussão salarial estiver estagnada entre um funcionário e seu gestor, em vez de insistir em valores absolutos, eles podem usar princípios norteadores como "Remunerar cada pessoa de acordo com suas qualificações, contribuições e trabalho árduo" para chegar a um valor justo.

Este foco em princípios ajuda a despolarizar posições antagônicas e abrir espaço para soluções éticas.

Independente do estilo de negociação escolhido, construir confiança rápida e consistente com a outra parte é absolutamente essencial para seu sucesso. Vamos explorar algumas das melhores táticas para estabelecer essa confiança desde o início.

CONSTRUINDO CONFIANÇA RÁPIDA COM QUALQUER PESSOA

A confiança eficaz começa com seu primeiro aperto de mão, contato visual e troca de palavras. Como nos 15 segundos críticos de uma primeira impressão, suas ações iniciais enviam fortes sinais sobre você para a outra pessoa.

Felizmente, algumas táticas simples podem ajudá-lo a estabelecer credibilidade e confiança instantaneamente.

A primeira é manter contato visual firme, acompanhado de um sorriso genuíno. Olhar nos olhos da outra pessoa (sem encarar) demonstra sua confiança e sinceridade. Combine isso com um sorriso caloroso que ilumina seu rosto inteiro, especialmente seus olhos.

Em seguida, o aperto de mão deve ser caloroso, com uma pressão média a firme (ajustada ao da outra pessoa) por 2 a 3 segundos. Isso demonstra sua segurança ao mesmo tempo que respeita os limites físicos do outro.

Sua postura e linguagem corporal também comunicam muito rapidamente se você está aberto, relaxado e receptivo. Mantenha seus ombros para trás, seu peito aberto e sua postura alinhada mas não rígida durante suas interações. Incline-se levemente em direção ao outro quando necessário para demonstrar seu foco e engajamento total na conversa.

Finalmente, o que você verbaliza nos primeiros minutos cria as bases da confiança mútua. Expressões como "é um grande prazer conhecê-lo", "estou ansioso por nossas discussões valiosas" e "aprecio sua disposição em se reunir comigo" enviam sinais positivos rápidos.

Combinando linguagem corporal amigável e aberta, contato visual constante e afirmações verbais encorajadoras, você rapidamente estabelece uma camada inicial essencial de confiança mútua e respeito.

Agora que cobrimos algumas maneiras rápidas e fáceis de construir confiança interpessoal, vamos explorar técnicas para descobrir os interesses e prioridades ocultos da outra parte - insights fundamentais para criar soluções poderosas.

DESCOBRINDO OS REAIS INTERESSES E MOTIVAÇÕES DA OUTRA PARTE

Um dos maiores erros que negociadores cometem é presumir que já sabem o que a outra parte quer ou precisa da interação. Na verdade, nossas suposições geralmente nem chegam perto da realidade.

A única maneira de realmente entender os interesses e prioridades fundamentais da outra parte é fazer perguntas, ouvir atentamente e ir fundo nas respostas que receber.

Mas que tipo de perguntas revelam esses insights ocultos? E como você pode incentivar respostas honestas e completas?

Vejamos algumas das melhores práticas:

- Faça perguntas abertas que não possam ser respondidas com um simples "Sim" ou "Não" - Isso obriga a outra parte a apresentar mais detalhes e contexto, revelando nuances importantes.

- Demonstre genuína curiosidade e se abstenha de julgar as respostas que receber - Seus insights não serão compartilhados se a outra parte sentir que está sendo avaliada.

- Siga o fluxo natural da conversa, fazendo perguntas de acompanhamento para aprofundar determinados aspectos - Não interrompa ou mude abruptamente de assunto - explore extensivamente uma linha produtiva de questionamento.

- Para tópicos realmente importantes, reformule a resposta da pessoa em suas próprias palavras para confirmação - Isso evita más interpretações e demonstra que você realmente "ouviu" o que foi dito.

- Observe atentamente a linguagem corporal e tom emocional da outra parte durante suas respostas - Isso fornece insights adicionais para além das palavras ditas.

Praticar estas técnicas requer disciplina mental. Sua tendência natural será projetar suas próprias suposições e interesses sobre a outra parte. Mas deixando seu ego e pressuposições de lado para realmente ouvir as necessidades da outra pessoa, sua capacidade de criar soluções mutuamente benéficas dispara.

Agora que entendemos como revelar os interesses ocultos do nosso interlocutor, vamos explorar algumas estratégias para manter o autocontrole em situações de alta pressão.

PSICOLOGIA DA NEGOCIAÇÃO: COMO ENTENDER E INFLUENCIAR SEUS INTERLOCUTORES

Neste capítulo, mergulharemos na psicologia fascinante por trás da negociação eficaz.

Entender os fundamentos de como a mente humana funciona irá empoderá-lo para analisar, influenciar e se conectar melhor com qualquer pessoa à mesa de negociação.

Especificamente, exploraremos as áreas críticas:

- As armadilhas psicológicas mais comuns que prejudicam negociadores

- Como nosso estado mental afeta nossas decisões e julgamentos

- Princípios da persuasão para influenciar resultados

- Drivers motivacionais: o que realmente motiva cada pessoa

- Identificando e respondendo aos diferentes tipos de personalidades

- Linguagem corporal e microexpressões: lendo os sinais não-verbais

- Criando sincronia comportamental com seu interlocutor

Entender estas dinâmicas psicológicas permitirá que você navegue com sucesso pelas complexas paisagens humanas da negociação.

Portanto, sem mais delongas, vamos analisar algumas armadilhas mentais às quais todos estamos suscetíveis.

EVITANDO AS ARMADILHAS PSICOLÓGICAS DA NEGOCIAÇÃO

Infelizmente, nossos cérebros não foram projetados para negociar. Eles evoluíram para lidar com ameaças físicas, não discussões comerciais complexas.

Consequentemente, são muitas as armadilhas psicológicas que podem sabotar nossos melhores esforços para alcançar acordos lucrativos.

Duas dessas armadilhas mentais incrivelmente comuns são: viés de confirmação e aversão à perda. Vamos analisá-los mais detalhadamente:

VIÉS DE CONFIRMAÇÃO

Nosso viés de confirmação nos faz procurar, interpretar e dar mais peso a informações que confirmam nossas crenças pré-existentes. Nós então subestimamos ou descartamos completamente evidências que contradigam essas crenças.

Infelizmente, isso prejudica nossas habilidades de negociação. Inconscientemente, começamos a filtrar tudo o que a outra parte diz contra nossos interesses atuais, mesmo que suas preocupações sejam perfeitamente válidas e razoáveis.

Isso bloqueia nossa capacidade de entendê-los genuinamente, prejudicando nossa habilidade de chegar a resoluções criativas.

AVERSÃO À PERDA

Nossa programação mental também nos torna muito avessos à perda. O estresse e a dor mental de perder algo são muito maiores do que o prazer igual de ganhar algo.

Isso leva a exigências e posições mais extremas e inflexíveis, dificultando o progresso na mesa de negociações. Não queremos dar um centímetro se houver uma chance da outra parte se aproveitar disso e obter mais ganhos à nossa custa.

Entender esses vieses irracionais nos permite mitigá-los com consciência plena. Podemos nos esforçar para ouvir perspectivas divergentes e estar mais abertos a opções conciliatórias onde todos ganham algo ao invés de insistir que nosso lado ganhe tudo.

Agora que cobrimos algumas armadilhas psicológicas comuns, vamos examinar como seu estado mental impacta seu desempenho.

SEU ESTADO MENTAL INFLUENCIA PROFUNDAMENTE SEUS JULGAMENTOS

Você já se sentiu mentalmente esgotado, faminto ou distraído por estresse em uma negociação importante?

A maioria das pessoas responde "sim" - e paga um preço por isso.

Pesquisas mostram que variáveis como sono inadequado, fadiga e estresse podem prejudicar significativamente nossas habilidades executivas de planejamento, foco e tomada de decisão. Agir impulsivamente com base em emoções torna-se muito mais provável.

Da mesma forma, baixos níveis de glicose devido a grandes intervalos sem comer podem nos deixar irritáveis e propensos a escolhas ruins.

Isso claramente demonstras o quão crucial é cuidar de seu corpo e mente antes de qualquer negociação significativa.

Quando seu estado mental e físico é ótimo, você está muito melhor equipado para ouvir atentamente, controlar suas emoções, pensar criativamente e tomar as decisões estratégicas certas sob pressão.

Portanto, sempre que possível, assegure-se de:

- Dormir o suficiente na noite anterior

- Ingerir uma refeição nutritiva

- Fazer exercícios para liberar endorfinas

- Reduzir outros estresses antes da interação importante

Sua lucidez e energia mentais farão uma grande diferença na qualidade dos resultados alcançados.

Agora que entendemos como nosso estado interno influencia nossas negociações, vamos aprender sobre alguns princípios comprovados de persuasão.

PRINCÍPIOS DE PERSUASÃO: INFLUENCIANDO PENSAMENTOS E DECISÕES

Há uma ciência real por trás da capacidade de influenciar e persuadir outros. Entender e aplicar alguns princípios fundamentais de psicologia social pode fazer uma grande diferença em quão eficaz você é em negociações.

PRINCÍPIO DA RECIPROCIDADE

As pessoas tendem a corresponder ao tratamento que recebem dos outros. Se você demonstrar confiança, eles retribuirão com confiança. Demonstre rigidez, e receberá o mesmo em troca.

Portanto, entre numa negociação com respeito, bom humor e abertura mental para estimular o mesmo comportamento recíproco no outro. Isso estabelece o tom para uma discussão cooperativa muito mais produtiva.

PRINCÍPIO DA COERÊNCIA

Uma vez que as pessoas se comprometem verbalmente com uma decisão ou curso de ação, mesmo que pequeno, elas se sentem obrigadas a se comportar de maneira coerente com esse compromisso.

Então, à medida que uma negociação se desenrola, revele áreas de acordo e peça à outra parte que verbalize esse alinhamento. Isso torna muito mais provável que eles "caminhem a caminho" quando chegar a hora de finalizar o acordo real.

PRINCÍPIO DA AUTORIDADE

Símbolos externos de autoridade - títulos, vestimenta, idioma corporal de poder - têm efeito automático sobre nossas decisões. Temos uma tendência inata a respeitar a influência de "autoridades" legítimas.

Você pode se aproveitar disso vestindo-se adequadamente para cada negociação e adotando uma postura e tom de voz que projetem competência e credibilidade.

O aspecto mais crítico do sucesso em qualquer negociação é sua capacidade de se conectar, entender e influenciar a outra parte. A psicologia fornece insights poderosos sobre como fazer exatamente isso, permitindo que você molde resultados mais favoráveis.

Agora que entendemos alguns princípios gerais de influência, vamos mergulhar mais fundo no que realmente motiva cada pessoa e como podemos usar isso para nosso benefício.

DRIVERS MOTIVACIONAIS: ENTENDENDO O QUE REALMENTE MOTIVA CADA PESSOA

Para customizar sua abordagem de negociação para maior eficácia, é essencial entender os drivers ou motivações centrais que orientam o comportamento de cada pessoa.

Felizmente, a partir de décadas de pesquisa, psicólogos identificaram 6 necessidades humanas fundamentais que dirigem e influenciam todos nós em diferentes graus.

São eles:

- Poder

- Realização

- Afiliação

- Segurança

- Tradição

- Diversão

Vamos explorá-los mais profundamente:

PODER

Indivíduos motivados pelo poder querem controlar resultados e exercer influência. Eles geralmente adotam abordagens agressivas, assertivas e às vezes manipuladoras dependendo do contexto.

REALIZAÇÃO

Pessoas orientadas para realização estão focadas em melhorar e ter sucesso contra algum padrão de excelência. Elas geralmente adotam estratégias racionais e estão dispostas a assumir riscos moderados ou calculados.

AFILIAÇÃO

Os que valorizam afiliação acima de tudo, buscam conexões pessoais calorosas. Eles priorizam trabalhar em cooperação, em grupo, evitando conflitos sempre que possível para manter o ambiente harmonioso.

SEGURANÇA

Segurança psicológica, física e financeira são as maiores necessidades deste grupo. Eles tendem a ser avessos ao risco e buscam estabilidade acima de recompensas potencialmente maiores, mas incertas.

TRADIÇÃO

Aqueles que valorizam tradições e estruturas existentes tentam preservar a ordem atual das coisas. Eles resistem fortemente a mudanças rápidas ou rupturas com "o jeito que as coisas sempre foram feitas".

DIVERSÃO

Finalmente, algumas pessoas são simplesmente motivadas pela diversão, variedade e estimulação constante. Elas querem que cada interação seja dinâmica e energizada. Detestam o tédio acima de tudo.

Mapear qual desses drivers orienta mais fortemente a outra parte permite que você personalize sua comunicação e estilo de influência para muito maior eficácia. Você pode escolher exemplos, histórias e apelos à ação que ressoem profundamente com os valores centrais daquela pessoa ou platéia.

Isso torna muito mais fácil ganhar alinhamento, influenciar pensamentos e moldar decisões a seu favor. Portanto, preste atenção cuidadosa e identifique quais drivers motivam cada pessoa que você está tentando persuadir ou negociar. Personalizar sua abordagem a seguir pode ser a chave para seu sucesso.

Agora que entendemos esses 6 drivers internos, vamos explorar como identificar e responder estrategicamente aos diferentes tipos de personalidades na negociação.

LIDANDO EFICAZMENTE COM PERSONALIDADES DESAFIADORAS

Em toda negociação, você eventualmente encontrará personalidades complicadas que testam seus limites.

Felizmente, a psicologia identificou 5 perfis comportamentais extremamente comuns que você provavelmente encontrará na mesa de negociação.

Entender esses perfis o permitirá planejar estratégias personalizadas para lidar diplomaticamente com cada um deles.

Os 5 perfis mais comuns são:

- O falador

- O teimoso

- O desconfiado

- O indeciso

- O distraído

Vamos desconstruir cada um deles:

O FALADOR

Faladores não param de falar. Eles dominam a conversa,

interrompem os outros e raramente escutam. Para lidar com eles:

- Interrompa-os educadamente para fazer sua própria pergunta ou levantar uma preocupação.

- Estabeleça limites rígidos de tempo para cada pessoa falar.

- Seja conciso ao falar; longas explicações os farão interromper.

O TEIMOSO

Teimosos são inflexíveis e insistem em pontos irrelevantes apenas por princípio. Para influenciá-los:

- Ouça-os pacientemente para construir relacionamento

- Reformule seus argumentos para mostrar que você entendeu

- Destaque áreas de acordo antes de discutir diferenças

- Faça muitas perguntas abertas para entender todas as perspectivas

O DESCONFIADO

Desconfiados presumem más intenções dos outros. Eles são excessivamente céticos e resistentes. Para ganhar sua confiança:

- Seja extremamente transparente compartilhando processos e planos

- Apenas faça declarações que possa provar com fatos concretos

- Demonstre seu caráter e competência consistentemente por meio de ações

O INDECISO

Indecisos têm medo de tomar a decisão "errada" e ficam procrastinando ou evitando. Para ajudá-los a avançar:

- Segmente grandes decisões em etapas menores e mais gerenciáveis

- Forneça múltiplas opções juntamente com prós e contras

- Estabeleça prazos para obter clareza e fechamento

O DISTRAÍDO

Distraídos têm dificuldade em prestar atenção; seus pensamentos divagam. Para mantê-los focados:

- Faça contato visual frequente

- Faça perguntas abertas que exijam insights mais aprofundados

- Resuma os principais pontos cobertos e acordados

Dominar essas personalidades desafiadoras irá torná-lo um negociador bem mais hábil e influente. Você estará confiante para lidar com praticamente qualquer pessoa à mesa de negociações!

Até agora, focamos inteiramente na comunicação verbal. Mas, a linguagem corporal transmite poderosos insights para negociadores treinados. É hora de aprender como decodificar esses sinais não verbais!

LENDO AS PISTAS DA LINGUAGEM CORPORAL E MICROEXPRESSÕES

Suas palavras literais são apenas uma fração da comunicação total. De acordo com o professor emérito de psicologia Albert Mehrabian, a comunicação face-a-face efetiva de emoções ou atitudes envolve três elementos centrais: comportamento não verbal (expressões faciais, por exemplo), tom de voz e o significado literal da palavra falada. Ele acredita que esses três elementos essenciais explicam como transmitimos nossa preferência ou aversão por outra pessoa. Ele concluiu que apenas 7% do significado da mensagem é transmitido por palavras, enquanto o tom de voz é responsável por 38% e a linguagem corporal por 55% da percepção da mensagem. Portanto, prestar atenção às "entrelinhas" do que o corpo da outra pessoa está sinalizando lhes dá insights críticos para além do que está sendo dito.

Vejamos alguns sinais importantes para observar:

- Contato visual sustentado geralmente indica confiança e engajamento honesto na conversa. Olhar constantemente para longe pode indicar vergonha, desconforto ou até mesmo engano potencial.

- Sorrisos genuínos envolvem os olhos, resultando em "pés de galinha" nos cantos. Sorrisos falsos envolvem apenas a boca.

- Inclinar-se em sua direção demonstra interesse. Recostar-se denota uma atitude mais defensiva ou de confronto.

- Pernas e pés virados em sua direção indicam receptividade. Virar pés ou corpo inteiro para longe (particularmente de braços cruzados) sinaliza desejo de sair da interação.

Além desses comportamentos gerais, também há "micromomentos" emocionais fugazes chamados de microexpressões. Elas duram apenas frações de segundo, mas entregam com precisão as emoções reais da outra pessoa.

Os mestres em linguagem corporal conseguem ler essa camada extra de informação emocional e usá-la para orientar estratégias de influência ou resolução de problemas. Portanto, preste atenção aos sinais que seu interlocutor está enviando além das palavras que estão sendo ditas. Isso lhe fornece intuições valiosas.

Falando da importância da linguagem corporal, também existem técnicas comprovadas para criar alinhamento comportamental com seu interlocutor, levando a mais confiança e influência positiva.

CRIANDO "ESPELHAMENTO" COMPORTAMENTAL

Espelhar ou refletir a linguagem corporal da outra pessoa é uma poderosa técnica para estabelecer subconscientemente uma conexão e influência mais fortes durante negociações.

Pesquisas mostram que quando você replica os gestos, expressões faciais, maneirismos e até o padrão de respiração de alguém, essa pessoa inconscientemente percebe você como parecido com ela. Isso desencadeia sentimentos mais positivos e receptividade às suas ideias e solicitações.

É por isso que a linguagem corporal espelhada funciona tão bem como uma ferramenta de influência. Você pode espelhar comportamentos como:

- Ângulo de inclinação da cabeça

- Postura e gestos com as mãos

- Velocidade de fala e tom vocal

- Expressões faciais como elevação de sobrancelhas

Inicialmente, tente refletir um comportamento por vez até que se torne natural. Com prática frequente, você será capaz de espelhar uma série de maneirismos simultâneos para criar alinhamento profundo.

Lembre-se de que esta técnica funciona apenas quando feita com genuína intenção de se conectar mais profundamente com seu interlocutor.

Agora que entendemos a ciência por trás de influenciar outras pessoas, é hora de aplicar esse conhecimento para explorar algumas das estratégias e técnicas avançadas de negociação disponíveis para você.

Juntos, já construímos uma base sólida compreendendo a psicologia humana e suas implicações para interações bem-sucedidas. Nos próximos capítulos, vou equipá-lo com habilidades práticas específicas para dominar suas negociações importantes de agora em diante.

Portanto, vire a página e vamos continuar nossa jornada!

TÉCNICAS DE ESPELHAMENTO: CONSTRUINDO RAPPORT E ESTABELECENDO CONFIANÇA RAPIDAMENTE

Construir uma conexão pessoal forte e relação de confiança com alguém rapidamente não é fácil. Requer estratégias focadas e intencionais.

Felizmente, como veremos neste capítulo, a técnica do "espelhamento" fornece um atalho comprovado para estabelecer esse rapport crucial em minutos.

Especificamente, vamos explorar:

- O que é espelhamento e como ele gera influência interpessoal

- As maneiras sutis de espelhar linguística corporal, voz e muito mais

- Quando e quando não usar o espelhamento em suas negociações

- Praticando o espelhamento fluido através de exercícios estruturados

Dominando esta habilidade mudará fundamentalmente sua capacidade de criar conexões pessoais significativas de forma rápida e influenciar resultados com mais facilidade.

Então, sem mais delongas, vamos mergulhar no poder do espelhamento!

O QUE É ESPELHAMENTO E COMO ELE GERA INFLUÊNCIA?

Espelhamento refere-se à imitação sutil do comportamento verbal e não verbal de outra pessoa durante as interações sociais. Isso inclui refletir a postura corporal, gestos, tom de voz, discurso e muito mais.

Quando bem executado, o espelhamento gera influência por algumas razões poderosas:

- Envia sinais automáticos de similitude entre vocês. Inconscientemente, as pessoas são mais atraídas e influenciadas por aqueles percebidos como semelhantes. Portanto, quanto mais você espelha os padrões de alguém, mais próximo eles sentirão com você.

- O espelhamento demonstra seu foco e interesse total no outro. Você literalmente se torna um reflexo de seus comportamentos, satisfazendo seu desejo inerente de ser ouvido e entendido. Isso os torna muito mais receptivos a suas ideias e perspectivas também.

- Promove a liberação dos hormônios da ligação social ocitocina e serotonina. Isso deixa a outra pessoa fisiologicamente mais feliz, relaxada e aberta a uma relação positiva.

- Sinaliza que você é uma "pessoa espelho" altamente empática e sintonizada socialmente. Novamente, essas são qualidades que naturalmente geram confiança e boa vontade.

Agora que entendemos o poder desta técnica única de influência interpessoal, vamos explorar exatamente como espelhar eficazmente outros.

COMO ESPELHAR ESTRATEGICAMENTE GESTOS, VOZ E COMPORTAMENTOS

Existem inúmeras maneiras sutis de espelhar seu interlocutor durante uma conversa. Vamos analisar as principais áreas onde aplicar isso:

- **Linguagem corporal:** espelhe gestos das mãos/braços, inclinações do corpo, postura, orientação dos pés / pernas e muito mais. Por exemplo, se eles se inclinam para frente enquanto falam, faça o mesmo.

- **Entonação vocal e vocabulário:** reflita o tom emocional, volume, ritmo da fala e até escolha de palavras. Se eles soam animados e falam rapidamente, corresponda a isso. Se eles usam linguagem corporativa formal, faça o mesmo.

- Expressões faciais: reproduza seus sorrisos, elevações de sobrancelha, esgar de boca e outros micromomentos faciais. Como eles dizem, "**IMITAÇÃO** é a maior forma de lisonja!"

- Padrões de respiração: preste atenção ao ritmo respiratório em repouso deles. Você pode espelhar levemente isso também para maior alinhamento físico.

O ideal é escolher **UM** de seus comportamentos para refletir por vez, em vez de tentar imitar tudo simultaneamente no início. Isso parecerá artificial.

À medida que cada comportamento espelhado se torna mais natural, você pode expandir seu repertório até cobrir todas as áreas linguísticas de forma fluida e imperceptível.

QUANDO USAR (E NÃO USAR) TÉCNICAS DE ESPELHAMENTO

Como toda ferramenta poderosa de influência, o espelhamento pode ser usado tanto para o bem quanto para o mal. Portanto, aqui estão algumas diretrizes para mantê-lo ético:

☐ **Use para estabelecer rapport positivo:** o principal propósito deve ser criar conexões e compreensão mútuas sinceras.

☐ **Não use para manipular resultados:** respeite a livre escolha e autonomia do outro. Nunca espelhe apenas para forçar um acordo.

☐ **Mantenha a integridade do processo:** seja 100% autêntico sobre seus interesses e limitações durante as negociações.

☐ **Cesse se a outra parte se sentir desconfortável:** algumas pessoas podem considerar o espelhamento intenso como invasivo. Esteja atento e respeite os limites.

No geral, antes de espelhar alguém, pergunte a si mesmo: "Minha intenção aqui é nobre? Estou agindo com respeito e com as melhores intenções?" Se a resposta for sim, siga em frente.

Ok, agora que entendemos **QUANDO** aplicar essa habilidade, vamos praticar **COMO** espelhar fluidamente por meio de alguns exercícios rápidos.

PRATICANDO O ESPELHAMENTO FLUIDO

Hora da prática! Aqui estão 3 exercícios simples, porém poderosos para aprimorar suas técnicas de espelhamento:

Exercício #1 - Espelhando um vídeo

> - Puxe qualquer discurso ou vídeo de Youtube com alguém falando por alguns minutos. Foque em **UMA** área de linguagem corporal de cada vez para espelhar fluidamente.

> - Por exemplo, gestos de mãos e braços. Ou inclinação e orientação do corpo. Ou expressões faciais.

> - Faça isso por 5-10 minutos, depois redefina sua foco para outra área de linguagem corporal.

Exercício #2 - Espelhando um parceiro em tempo real

> - Faça esse treino cara a cara com um amigo ou colega. Peça-lhes que fale livremente por alguns minutos sobre um tópico aleatório enquanto você sutilmente reflete um de seus comportamentos verbais ou não verbais de cada vez.

> - Depois, inverta os papéis! Isso ajuda você a perceber quais maneirismos são mais facilmente imitados e quais precisam de mais prática.

Exercício #3 - Se gravando e avaliando

> - Grave em vídeo você mesmo imitando um discurso famoso de um líder inspirador, político influente ou persona de negócios icônica.

- Observe o vídeo depois analisando quais comportamentos você naturalmente espelhou bem e onde ainda há oportunidades de melhorias.

- Dedicando apenas 10 a 15 minutos por dia a esses exercícios, logo você dominará a arte sutil do espelhamento rápido e influente.

Lembre-se, tempo e prática intencional são as chaves! Não desista cedo demais antes que esses comportamentos espelhados se tornem segunda natureza para você.

Agora equipado com esta nova ferramenta social poderosa, você estará em uma posição muito melhor para estabelecer relações de confiança rapidamente e influenciar os outros com mais facilidade.

Por favor, use essa habilidade com sabedoria para positivamente impactar mais vidas!

No próximo capítulo, mergulharemos em outra competência humana crítica para negociadores de sucesso: a capacidade de cultivar e comunicar empatia genuína.

Espero que continue acompanhando esta jornada conosco para domínio total das habilidades necessárias para maximizar resultados de negociações!

A ARTE DA EMPATIA TÁTICA: USANDO A COMPREENSÃO EMOCIONAL PARA AVANÇAR NAS NEGOCIAÇÕES

A empatia - a habilidade de se colocar no lugar de outra pessoa e sentir genuinamente suas emoções - é uma das competências humanas mais valiosas em qualquer contexto.

E nas negociações, demonstrar empatia estratégica pelo seu interlocutor pode ser a chave decisiva para destravar impasses, construir confiança e moldar acordos mutuamente benéficos.

Neste capítulo, vamos aprofundar em:

- Por que a empatia é tão essencial para o sucesso da negociação

- Como cultivar uma mentalidade altamente empática

- Técnicas de comunicação para expressar essa empatia eficazmente

- Evitando armadilhas da empatia, como a dor pessoal excessiva

- Estabelecendo limites saudáveis para si mesmo enquanto ainda permanece profundamente sintonizado com os outros

Portanto, prepare-se para mergulhar no poder da conexão emocional sincera e como aplicá-lo para resultados tangíveis à mesa de negociações!

Começando com os fundamentos, vamos explorar porque essa habilidade humana primordial da empatia é tão crucial.

POR QUE A EMPATIA É TÃO ESSENCIAL PARA O SUCESSO?

A capacidade de se colocar genuinamente no lugar de outra pessoa, conectando-se em um nível emocional profundo para compreender suas preocupações, medos e necessidades mais autênticas, é tão valiosa por várias razões convincentes:

Primeiro, isso estimula a outra parte a abrir-se mais e compartilhar livremente informações cruciais que de outra forma permaneceriam ocultas. Quando as pessoas se sentem profundamente compreendidas, sua guarda natural diminui.

Em segundo lugar, a empatia o ajuda a entender os verdadeiros interesses e motivações da outra parte. Você obtém insights que vão muito além do que está apenas sendo dito à mesa, permitindo estratégias de negociação mais criativas e personalizadas.

Terceiro, isso cria um clima de confiança, boa vontade e respeito mútuo. A outra parte percebe seu cuidado e preocupação genuínos com seu bem-estar, mesmo que vocês dois não concordem em tudo. Isso constrói um terreno comum positivo.

E por fim, quando você demonstra consistentes níveis altos de integridade, sensibilidade e compreensão emocional, isso se torna um modelo poderoso que incentiva a outra parte a corresponder com igual abertura e colaboração.

Portanto, priorizar a conexão sincera e a habilidade de se colocar no lugar da outra parte irá servir tremendamente bem em suas negociações mais desafiadoras.

Agora que entendemos o **VALOR** da empatia, vamos explorar como desenvolver uma mentalidade altamente empática como negociador.

CULTIVANDO UMA MENTALIDADE PROFUNDAMENTE EMPÁTICA

A boa notícia é que a empatia pode ser cultivada intencionalmente por qualquer pessoa disposta a aumentar sua autoconsciência e fazer treinamentos regulares.

Aqui estão algumas das melhores práticas comprovadas:

- Lembre-se sempre que cada pessoa é o protagonista da própria história de vida. Eles são os heróis de suas jornadas, assim como você. Isso ajuda a enxergar suas perspectivas como igualmente válidas.

- Tente visualizar vividamente as situações de vida

que moldaram suas mentalidades atuais. Como suas experiências passadas, educação, relações e sucessos ou traumas os tornaram quem eles são hoje?

- Em conversas, foque toda sua atenção em escutar profundamente e entender seus interlocutores antes de qualquer resposta. Elimine distrações, faça contato visual e ouça com intenção genuína de aprender seus paradigmas únicos.

- Suspenda temporariamente seu ego e autointeresse. Em vez de filtrar declarações pela lente do que você tem a ganhar ou perder, simplesmente foque em compreender profundamente as perspectivas deles.

- Verbalize periodicamente o que você está ouvindo e como entende que eles estão se sentindo. Faça perguntas de acompanhamento para afinar sua compreensão e sinalizar mentalização ativa. Frasear em suas próprias palavras o que foi dito demonstra que você realmente absorveu a essência emocional.

Quanto mais você pratica esta musculatura mental da empatia por meio desses exercícios, mais fortes se tornam essas conexões neurais. Eventualmente, se torna um traço incorporado à sua personalidade geral.

Agora, além de **CULTIVAR** uma mentalidade empática, também precisamos praticar **COMUNICAR** nossa compreensão emocional efetivamente durante interações reais.

COMUNICANDO SUA EMPATIA DE MANEIRA EFICAZ

Cultivar uma mentalidade altamente empática é o primeiro passo. Mas para influenciar resultados de negociações, você também precisa sinalizar proativamente essa sensibilidade para seus interlocutores por meio de suas palavras e ações.

Eis algumas das melhores práticas para torná-lo hábil:

- Mantenha contato visual sólido enquanto eles estão falando para transmitir foco e interesse completos. Acene levemente com a cabeça para encorajar a abertura.

- Espelhe sutilmente a linguagem corporal deles para estabelecer alinhamento subconsciente. Por exemplo, adote postura e gestos das mãos semelhantes.

- Parafraseie os principais pontos de dor e frustração para confirmar que captou a essência emocional. "Parece que você ficou bastante chateado quando..."

- Faça declarações diretas validando os sentimentos deles. "É muito compreensível se sentir traído nessa situação. Eu também me sentiria assim..."

- Sempre demonstre boa vontade assumindo as melhores intenções deles, mesmo quando discordar. "Sei que suas preocupações vêm de um lugar de se importar profundamente com sua equipe..."

- Quando for o caso, verbalize quando você já passou por desafios, emoções ou situações similares. Isso gera compreensão experiencial compartilhada ainda mais profunda.

Novamente, quando eles sentem que você os compreende e se importa genuinamente, suas defesas diminuem. Eles correspondem com mais boa vontade, disposição para colaboração e até mesmo vulnerabilidade emocional compartilhada.

Este nível mais profundo de conexão e confiança abre portas para explorar soluções criativas que transcendam posições rígidas e atendam aos interesses centrais de todos os envolvidos.

EVITANDO ARMADILHAS: NÃO ASSUMIR A DOR DOS OUTROS

Agora, enquanto cultivar níveis mais profundos de compreensão emocional pelas outras partes durante a negociação, é importante não "assumir" demais essa dor alheia, a ponto de prejudicar seu próprio bem-estar.

Infelizmente, negociadores compassivos às vezes absorvem inconscientemente o estresse ou trauma emocional dos outros. Psicólogos chamam isso de "dor empática".

Embora nobre em intenção, no longo prazo pode levá-lo à fadiga da compaixão, exaustão mental e até problemas de saúde física.

Portanto, ao projetar empatia, lembre-se destes limites saudáveis:

  ⬜ Ouça profundamente e busque compreender suas perspectivas únicas

  ⬜ Não assuma pessoalmente suas emoções negativas

  ⬜ Reconheça e valide seus sentimentos

  ⬜ Não tente resolver ou consertar sua dor

  ⬜ Ofereça compassivamente seu apoio incondicional

  ⬜ Não entre em modo de resgate ou supere envolvimento

No fim das contas, você não pode controlar as escolhas ou curar a dor de mais ninguém - apenas compartilhar gentilmente seu apoio e sabedoria.

Então, faça sua parte sendo um ouvinte empático presente. Mas não assuma também o fardo emocional que não é seu para carregar. Apenas comprima os ombros da outra parte com compaixão - não tente carregá-los completamente por eles.

E com isso, concluímos nossa profunda imersão no poder da conexão emocional sincera e como aplicá-la estrategicamente em negociações desafiadoras.

No próximo capítulo, passaremos para um novo conjunto de estratégias avançadas para ajudá-lo a redefinir a narrativa quando enfrentar impasses difíceis, desacordos aparentemente irrecuperáveis ou demandas inaceitáveis.

Até lá, desejo-lhe o melhor em suas jornadas de autorreflexão e crescimento contínuos!

DOMINANDO O "NÃO": TRANSFORMANDO REJEIÇÕES EM OPORTUNIDADES

Poucas coisas são tão desestimulantes durante uma negociação como ouvir a palavra "não" da outra parte.

Especialmente quando parece categórico, definitivo e impossível de contornar.

No entanto, mestres negociadores encaram o "não" apenas como o início de uma nova fase produtiva da conversa... não o fim dela. A chave é ter um plano para transformar essa rejeição inicial em progresso eventual.

Neste capítulo, você aprenderá a fazer exatamente isso através de táticas testadas para:

- Redefinir mentalmente o significado do "não"

- Contestar educadamente suposições limitantes por trás dele

- Fazer perguntas abertas para revelar preocupações ocultas

- Encontrar novas opções que transcendam a rejeição binária inicial

Portanto, prepare-se para dominar o "não" e transformar aparentes impasses em pontes para o sucesso compartilhado. Vamos começar!

COMPREENDENDO AS CAMADAS DE SIGNIFICADO POR TRÁS DO "NÃO"

A primeira chave para lidar eficazmente com uma negativa é entender que existem camadas de significado por trás dela.

Especificamente, a outra parte está comunicando um desses 3 níveis de mensagem ao dizer não:

- **Nível 1 - Recusa da proposta atual:** "Não, eu não concordo com essa sugestão específica que você acabou de apresentar." Isso é simplesmente uma rejeição da opção individual colocada sobre a mesa, não necessariamente um descarte de todo o assunto mais amplo.

- Nível 2 - Sinalização de uma preocupação mais profunda: "Existe algum problema não revelado ou necessidade não atendida por trás deste não." É aqui que a oportunidade real está escondida! Aprofundar essas preocupações expande novas possibilidades.

- Nível 3 - Indisponibilidade para negociar: "Eu me recuso absolutamente a considerar outras perspectivas ou trabalhar para uma solução." Este nível mais profundo e abrasivo de rejeição geralmente surge de questões de confiança. Construir relacionamento atenuando a situação pode reabrir a mente deles.

Portanto, sempre que você escuta o "não", primeiro determine qual desses 3 níveis está verdadeiramente em jogo. A partir daí, você pode calibrar estrategicamente sua resposta para avançar a conversa.

Vamos explorar algumas das melhores táticas para cada cenário.

ESTRATÉGIAS PARA LIDAR COM CADA NÍVEL DO "NÃO"

Agora que compreendemos os significados e motivações mais profundas por trás de uma negativa, vamos mergulhar em abordagens táticas para lidar com cada nível:

Respondendo ao nível 1 do "Não"

Quando alguém rejeita sua proposta ou pedido inicial, mas permanece aberto à ideia geral, existem algumas respostas eficazes:

- Sondar educadamente o raciocínio subjacente: "Posso entender por que esta abordagem não pareceu ideal para você. Fale-me mais sobre suas preocupações específicas com ela."

- Sugerir versões modificadas: "Que tal uma versão

ligeiramente diferente como esta...?"

- **Comprometer gradualmente:** "Ok, e se removêssemos este elemento problemático da sugestão, mas mantivéssemos o restante? Isso parece mais viável?"

Respondendo ao nível 2 do "Não"

Às vezes, um Não superficial esconde preocupações mais profundas que, uma vez resolvidas, removem barreiras ao acordo. Para revelá-las, responda assim:

- **Investigue com curiosidade sincera:** "Ajude-me a entender melhor o que o preocupa neste cenário específico."

- **Faça perguntas abertas e ouça atentamente as respostas** para obter clareza e matizar suas próprias perspectivas.

- **Reformule os pontos principais para confirmar que captou suas preocupações centrais** e se necessário, peça esclarecimentos adicionais.

Uma vez que a questão subjacente seja completamente compreendida, **só então sugira opções** que abordem essa dor ou necessidade genuína.

Respondendo ao nível 3 do "Não"

Quando alguém não está nem um pouco aberto a mudar de ideia ou considerar alternativas, adote estas táticas:

- **Não force o assunto agora.** Faça uma pausa e sugira retomar a discussão posteriormente quando as emoções estiverem mais calmas.

- **Foque em reconstruir o relacionamento**, confiança e respeito mútuos compartilhando perspectivas de forma não ameaçadora.

- Procure por interesses, valores ou experiências que vocês compartilhem para gerar terreno comum primeiro.

- Uma vez estabelecida essa conexão humana fundamental novamente, **proponha reiniciar a negociação** com diálogo aberto e boa fé.

Lembre-se, quando as defesas de alguém estão altas demais, resolver a questão imediata é secundário em relação a restabelecer respeito e disponibilidade mental primeiramente.

FERRAMENTAS ADICIONAIS PARA LIDAR COM REJEIÇÕES

Além dessas táticas situacionais, também existem algumas ferramentas gerais úteis para lidar com negativas:

- A técnica "**SIM... E**" - conciliar, reconhecer, escalar

Exemplo:

"**SIM**, entendo sua relutância com esse modelo de cobrança... **E** seria possível considerar uma estrutura alternativa como esta...?"

- Trazer uma 3ª opção neutra

Quando empacado entre duas opções, apresente uma nova que transcenda o impasse atual.

- Focar em interesses comuns mais altos

"Acredito que todos nós queremos o que há de melhor para a empresa/clientes/funcionários de longo prazo. Como podemos alcançar isso?"

No geral, encare o "não" como o início do verdadeiro diálogo. Domine-o persistindo pacientemente para entender os receios por trás dele e apresentar opções criativas que os resolvam.

E lembre-se, se depois de seu melhor esforço a outra parte ainda se recusar a colaborar, você sempre tem a opção de simplesmente afastar-se da situação. Não é um fracasso - apenas um sinal de que não é um match produtivo.

Continue tentando influenciar em boa fé. Mas também saiba o momento certo de avançar amigavelmente. Você não pode controlar a abertura dos outros - apenas a sua.

De qualquer forma, espero que esta nova perspectiva, ferramentas e estratégias o ajudem a navegar habilmente pelo desafiador território do "não" transformando-o em novos caminhos de progresso!

O PODER DAS PERGUNTAS ESTRATÉGICAS: DIRECIONANDO A NEGOCIAÇÃO COM PERGUNTAS-CHAVE

Perguntas habilidosas são a ferramenta mestre para influenciar negociações a seu favor. Como diz o velho ditado:

"Perguntas são a resposta"

Saber **QUAIS** perguntas fazer, **QUANDO** fazê-las e **COMO** respondê-las eficazmente molda a discussão inteira para o resultado que você deseja.

Neste capítulo, vamos mergulhar no poder deste instrumento simples, porém elegante, explorando:

- A ciência de por que perguntas são tão persuasivas

- Diferentes tipos de perguntas estratégicas

- Momentos ótimos para perguntas de alto impacto

- Táticas para responder perguntas com maestria

- Praticando a formulação de perguntas poderosas

Portanto, prepare-se para dominar esta habilidade fundamental que separa os negociadores excelentes do resto do grupo!

A CIÊNCIA POR TRÁS DO PODER DAS BOAS PERGUNTAS

Por que perguntas bem elaboradas são tão persuasivas em mudar mentes e direcionar resultados?

A psicologia por trás disso é fascinante e se resume a isto:

- Elas focam a atenção e o diálogo nas áreas que mais beneficiam seu caso

- Elas educadamente desafiam suposições limitantes da outra parte

- Elas extraem insights cruciais sobre motivações, valores e objetivos não revelados

Em outras palavras, perguntas hábeis moldam a arena mental inteira ao seu favor.

Elas determinam os tópicos discutidos, as perspectivas consideradas e os critérios pelos quais as propostas são avaliadas. Isso canaliza organicamente a conversa para seu resultado desejado.

Além disso, perguntas bem formuladas **DEMONSTRAM** seu foco genuíno em entender a outra parte e encontrando o melhor caminho a seguir em conjunto. Isso constrói confiança e boa vontade.

Agora que entendemos **O PORQUÊ** perguntas funcionam, vamos explorar os principais **TIPOS** estratégicos para influenciar discussões.

SEIS PERGUNTAS ESTRATÉGICAS PODEROSAS

Embora centenas de variações existam, estas 6 categorias capturam os principais "movimentos" de perguntas que moldam negociações:

- *Perguntas de clarificação*

> Exemplo: "Pode explicar o que quis dizer com...?"

> Propósito: Obtenha detalhes adicionais e contexto.

- *Perguntas de suposição*

> Exemplo: "Como você reagiria se fizéssemos X...?"

> Propósito: Obtenha respostas embasadas e compromisso com potenciais cenários.

- *Perguntas de desafio*

> Exemplo: "O que precisaria mudar em nossa abordagem para que você aprovasse...?"

> Propósito: Conteste educadamente noções preconcebidas e identifique soluções.

- *Perguntas de conexão emocional*

Exemplo: "O que o preocupa mais neste cenário?"

Propósito: Construa confiança e boa vontade através de compreensão empática mais profunda.

- Perguntas de enquadramento

Exemplo: "Nosso objetivo aqui deve ser garantir o resultado mais positivo possível para todas as partes - você concorda?"

Propósito: Estabeleça critérios e valores compartilhados para avaliar opções e tomar decisões.

- Perguntas de fechamento

Exemplo: "Considerando estes benefícios que discutimos, você estaria disposto a aprovar este acordo agora?"

Propósito: Peça compromisso e feche o acordo.

Tendo estas categorias centrais em mente o ajuda a formular estratégias de fazer perguntas direcionadas e impactantes para cada estágio da negociação.

Mas além de **SABER** quais tipos de perguntas fazer, **TIMING** também é tudo. Então, vamos analisar em que **MOMENTOS** cruciais você deve entrar com suas melhores perguntas.

MOMENTOS DECISIVOS PARA FAZER PERGUNTAS DE ALTO IMPACTO

Embora perguntas estratégicas devam ser espalhadas por toda a conversa, existem ocasiões específicas em que elas são particularmente influentes para moldar o curso geral da negociação.

Aqui estão 5 momentos cruciais a alavancar:

- Logo no início da interação

Comece sondando o terreno com algumas perguntas de mapeamento fundamentais para determinar rápida e estrategicamente o cenário geral que você está enfrentando antes de formular propostas.

Exemplos:

"Gostaria de começar entendendo melhor suas prioridades e requisitos essenciais neste projeto - pode me falar mais sobre eles?"

"Quais são as métricas mais importantes pelas quais você avaliará as opções que discutiremos hoje?"

- Após fazer sua proposta inicial

Uma vez que você apresentou uma proposta ou plano inicial, entre imediatamente com perguntas poderosas para ler a resposta deles, posicionar vantagens e superar objeções o mais cedo possível.

Exemplos:

"Dadas estas capacidades que destaquei, o que parece ser mais valioso em nossa abordagem para vocês?"

"Considerando seus objetivos declarados anteriormente, onde vê minha proposta atendendo ou não atendendo às suas principais necessidades?"

- Quando sentir resistência ou ceticismo

Assim que detectar qualquer hesitação ou discordância, entre com perguntas motivadoras projetadas para dissipar preocupações e reconstruir alinhamento positivo.

Exemplos:

"Parece que parte desta abordagem o deixou desconfortável - pode me dizer mais sobre suas preocupações para que eu possa abordá-las diretamente?"

"O que nos ajudaria a modificar alguns destes elementos para obter sua aprovação completa?"

- Quando estiverem prontos para decidir

À medida que a negociação chegar aos estágios finais, foque suas perguntas em confirmar disposição, resolver detalhes finais e fechar o acordo.

Exemplos:

"Considerando todas as evidências e benefícios que discutimos do meu lado, bem como as concessões do seu lado, você está pronto para movimentar e finalizar este acordo agora?"

"Existem quaisquer etapas finais ou contingências que precisamos cobrir antes de confirmarmos isso?"

- Durante momentos de impasse

Se as negociações empacarem devido a desacordos aparentemente irreconciliáveis ou emoções intensificadas, pause e reavalie tudo com algumas perguntas cruciais.

Exemplos:

"Parece que chegamos a um ponto onde não conseguimos ver olho a olho. Vamos dar um passo atrás - o que cada um de nós pode fazer para restabelecer algum terreno comum aqui?"

"Existem compromissos ou opções de concessão mútua não considerados ainda que podemos explorar?"

Dominar estes momentos chave de perguntas transforma você de um negociador passivo em um estrategista proativo moldando discussões completamente.

Agora, é muito importante não apenas fazer boas perguntas, mas responder habilmente também quando os papéis se invertem! Então vamos analisar algumas técnicas para isso também.

RESPONDENDO A PERGUNTAS COMO UM MESTRE

Assim como suas perguntas, suas respostas também determinam impressionantemente onde a negociação vai a seguir. Portanto, aqui estão algumas diretrizes para responder como um expert:

- Ouça a pergunta inteira atentamente sem interromper

- Reflita por 2-3 segundos antes de responder - não se apresse

- Comece concordando com qualquer ponto ou premissa válidos na pergunta antes de contrariar o resto

- Foque suas respostas nos benefícios de sua proposta - não só nos recursos

- Limite o uso de "não, mas..." pois isso minimiza e antagoniza

- Se uma pergunta for irrelevante ou baseada em informações falsas, reconstrua o contexto primeiro

Novamente, a meta deve ser direcionar cada interação para terreno mais positivo e produtivo. Suas respostas habilidosas tornam isso possível.

Pronto para colocar essas diversas estratégias e insights sobre perguntas poderosas para uso imediato? Ótimo! Vamos praticar e formular algumas para aprimorar esta habilidade crítica...

PRATICANDO A FORMULAÇÃO DE PERGUNTAS ESTRATÉGICAS

Agora é a sua vez de criar.

Responda estas 5 perguntas que eu fiz para você com suas próprias perguntas estratégicas:

- *Pergunta 1: Quais são suas maiores prioridades neste projeto?*

    Sua pergunta estratégica:

    ...

- *Pergunta 2: Por que nosso serviço não atende adequadamente às suas necessidades?*

    Sua pergunta estratégica:

    ...

- *Pergunta 3: Em que áreas você precisaria ver mudanças para aprovar esta proposta?*

    Sua pergunta estratégica:

    ...

- *Pergunta 4: O que ainda o preocupa sobre trabalhar conosco?*

    Sua pergunta estratégica:

    ...

- *Pergunta 5: Dadas todas as evidências que forneci, você assinará este contrato hoje?*

    Sua pergunta estratégica:

...

Excelente! Formular estas perguntas impactantes levando em consideração contexto e objetivos estratégicos é a chave para direcionar negociações com maestria.

Espero que continue praticando e dominando este instrumento fundamental que todos os negociadores bem-sucedidos compartilham!

NEGOCIAÇÃO SOB PRESSÃO: MANTENDO A CALMA E O CONTROLE EM SITUAÇÕES DESAFIADORAS

Negociações intensas invariavelmente geram momentos de pressão extrema.

Talvez seja um deadline impossível se aproximando. Ou exigências irracionais da outra parte. Ou sua proposta sendo despedaçada diante de uma platéia.

Seja qual for a causa, a tensão rapidamente sobe e ameaça tirar você do seu centro de paz, lucidez e controle estratégico.

Neste capítulo, vamos explorar como permanecer centrado mesmo sob fogo cerrado através de técnicas para:

- Redefinir mentalmente o estresse como um aliado

- Descarga proativa da tensão fisiológica

- Focando sua respiração e atenção no momento presente

- Demonstrando calmamente confiança e controle não importa o que

- Desarmando táticas de pressão através de assertividade tranquila

Portanto, prepare-se para dominar o estresse e realizar com maestria sob os refletores mais intensos!

REDEFININDO O ESTRESSE COMO UM CATALISADOR POSITIVO

A primeira chave para florescer sob pressão é entender que o estresse em si não precisa ser seu inimigo. Na verdade, ele pode ser seu maior aliado se você o abordar corretamente.

Veja, esse aperto na garganta, suor nas palmas das mãos e disparo do coração são reações fisiológicas automáticas, evoluídas para o perigo físico iminente.

Nosso corpo está se preparando instintivamente para lutar, fugir ou congelar. Mas para negociações modernas, essa não é a resposta mais útil.

Então, em vez de desejar que essas sensações desapareçam, aceite-as como excitação positiva e redirecione essa energia para um estado de presença intensa e foco direcionado.

Mantenha essa sensibilidade física aguçada, mas purifique-a mentalmente para um propósito mais elevado - dominar esta situação com sabedoria e graça.

Em outras palavras, reconheça o fogo, mas purifique-o de combustível emocional bruto para a elegância concentrada de uma chama de vela - igualmente intensa mas infinitamente mais controlável.

Isso o manterá afiado e pronto para o desafio, sem ficar mentalmente ofuscado pela tensão.

TÉCNICAS DE DESCARGA PROATIVA PARA TENSÃO FISIOLÓGICA

Agora que redefinimos mentalmente o estresse como nosso aliado, também precisamos lidar proativamente com sua manifestação física em nosso corpo.

Se toda essa energia nervosa ficar presa e festejando, você acabará agindo impulsiva ou mesmo agressivamente sem querer.

Portanto, descarregue conscientemente qualquer tensão muscular ou nervosismo através de:

- Exalações prolongadas para acalmar seu sistema nervoso simpático

- Sacudir vigorosamente ou esticar suavemente seus dedos e outras extremidades

- Contrair intensamente e depois relaxar cada grupo muscular, começando com os pés até a cabeça

Liberar essa energia ansiosa de maneira controlada o impedirá de transbordar acidentalmente em explosões contraproducentes de emoções intensas.

Em vez disso, você permanece como fonte tranquila de calma sob pressão - capaz de clareza estratégica e influência estável independentemente das turbulências ao seu redor.

ANCORANDO-SE NO MOMENTO PRESENTE ATRAVÉS DE ATENÇÃO FOCADA

Além de redefinir a tensão mentalmente e descarregá-la fisicamente, também é vital que você se ancore firmemente no momento presente.

Se sua mente começar a vagar em possíveis resultados ruins ou você ficar preso relembrando erros anteriores, sua ansiedade e medo só aumentarão.

Portanto, utilize estas âncoras situacionais para prender sua consciência ao agora:

- Foque sua respiração - sinta o ar entrando e saindo de seu corpo

- Aperte suavemente seu dedão e indicador juntos para sentir essa sensação

- Olhe profundamente nos olhos das outras pessoas ao falar com elas

- Ouça atentamente sem julgamentos tudo que está sendo dito

Esse estado de presença intensa o impede de escorregar para pensamentos improdutivos sobre o passado ou futuro. Seu foco está na interação imediata à sua frente.

Essa lucidez tranquila lhe permite responder ao momento com flexibilidade e maturidade, não com padrões engessados de comportamentos pré-programados.

IRRADIANDO CONFIANÇA E CONTROLE NÃO IMPORTA O QUE

Lembre-se, sua postura, linguagem corporal e presença comunicam tão alto quanto suas palavras reais.

Portanto, independentemente da tempestade interna que você possa estar sentindo, seu comportamento externo deve permanecer como uma rocha de tranquilidade e confiança para os outros se apoiarem.

Aqui estão algumas dicas rápidas para projetar controle silencioso sob pressão:

- Postura ereta e ombros para trás

- Queixo paralelo ao chão

- Contato visual firme

- Tom de voz tranquilo, ritmado

- Respiração abdominal profunda

- Expressão facial neutra ou leve sorriso

Lembrando, emoções são contagiosas. Se você consegue inspirar confiança calmamente através de sua linguagem corporal, isso se espalhará para os outros também, muitas vezes desarmando completamente situações de alta pressão.

ASSERTIVIDADE TRANQUILA PARA DESATIVAR TÁTICAS DE PRESSÃO

Em momentos em que pessoas estão claramente tentando aplicar pressão desleal ou manipuladora sobre você, responda com assertividade tranquila.

Isso significa estabelecer limites justos mas sem antagonismo. Por exemplo:

"Entendo sua urgência nesta decisão, mas não sinto que temos todas as informações necessárias ainda. Vamos explorar opções que atendam melhor aos interesses de ambas as partes."

Essa abordagem firme evita que você seja empurrado, sem despertar defesa igualmente contraproducente na outra parte. Você redireciona habilmente a conversa para terreno mais produtivo.

E lembre-se, se mesmo assertividade tranquila falhar, você sempre tem o direito de se retirar completamente da situação. Não há necessidade de absorver abusos desnecessários apenas para "fechar o acordo".

Às vezes, a retirada estratégica até uma data futura é a única maneira de zerar a escalada de hostilidades para reiniciar discussões mais saudáveis posteriormente.

De qualquer forma, mantenha sua dignidade e estabeleça limites com compaixão se outros jogarem sujo. Você guiará todos para águas mais calmas simplesmente insistindo em padrões mais elevados.

E com isso, espero que você se sinta muito mais preparado agora para manter o controle, a influência e a perspectiva sob os holofotes mais quentes!

Vá em frente com confiança para lidar habilmente com qualquer tempestade. E lembre-se, seu estado de espírito interno determina a realidade exterior - portanto, conduza-se adequadamente!

ESTRATÉGIAS DE BARGANHA: TÉCNICAS PARA OBTER O MELHOR ACORDO

Agora que cobrimos as bases da negociação eficaz, é hora de mergulhar em táticas mais avançadas de barganha e fechamento.

Este capítulo fornecerá um arsenal robusto de estratégias testadas para extrair os termos mais favoráveis possível em qualquer acordo - sem manipulação ou tática desleal.

Especificamente, veremos:

- Por que o estilo de barganha mais agressivo geralmente falha

- Como determinar seus pontos de reserva e metas iniciais ideais

- Técnicas persuasivas para enquadrar valor

- Ferramentas estratégicas de concessão como "se... então"

- Sinais para ofertar primeiro ou depois

- Lidando com ultimatos e táticas de pressão

- Fechando o acordo no momento certo

Armado com este repertório expansivo, você pode navegar com confiança em qualquer negociação obtendo os melhores termos possíveis ao mesmo tempo que protege relacionamentos e reputação.

Então vamos começar analisando por que a abordagem errada para barganha geralmente sai pela culatra...

Por que um estilo confrontacional falha

Primeiro, é importante entender que existem basicamente 2 abordagens gerais para barganha e negociações de preço:

- *Confrontacional*

- *Colaborativa*

No estilo confrontacional, cada lado compete em uma batalha de vontades para "vencer" e extrair a maior parte do valor limitado na mesa. Comunicações agressivas e ultimatos são comuns.

Infelizmente, esta abordagem antagoniza a outra parte, destruindo a confiança e boa vontade necessárias para explorar soluções criativas de ganho mútuo.

Além disso, a outra parte provavelmente contra-atacará com táticas igualmente duras, levando todo o relacionamento futuro em risco por alguns ganhos de curto prazo.

Em contraste, o estilo colaborativo envolve uma busca conjunta por termos justos que beneficiem ambos os lados. Ele alavanca perguntas abertas, brainstorming criativo e compromissos mútuos para expandir o "bolo" total, não apenas dividir um tamanho fixo.

Claro, às vezes você precisará adotar posições firmes sobre suas necessidades. Mas faça isso sem a bravata ou a rigidez que queima pontes desnecessariamente. Você pode ser assertivo e flexível ao mesmo tempo.

Portanto, evite armas de confrontação como blefes, ultimatos, manipulação ou ameaças veladas. Em vez disso, construa boa vontade e explore opções expansivas onde todos ganhem. Sua contraparte estará muito mais disposta a trabalhar com você de boa fé.

Agora que entendemos a mentalidade correta, vamos mergulhar em algumas táticas específicas...

ESTABELECENDO SEUS LIMITES INICIAIS E FINAIS

Antes de entrar em qualquer negociação séria, você deve ter clareza completa sobre:

- *Sua posição inicial:*

    O ponto de partida ideal do qual você começará a negociar

- Seu limite final:

A concessão mais longe que você está disposto a fazer para fechar o acordo

Sua posição inicial deve obviamente pedir mais do que você espera realmente receber. Mas também deve ser realista o suficiente para não ser dispensado de cara, o que prejudica sua credibilidade.

Analise cuidadosamente:

- Valor médio de mercado atual

- Os melhores termos que outros compradores receberam

- O quão desesperadamente você precisa fechar esse acordo

- Quanto essa parte específica costuma ceder em negociações

Quanto ao seu limite final, este é o ponto além do qual você simplesmente andaria para longe da mesa. Determinar isso com antecedência remove emoções da equação, garantindo que você não faça concessões exageradas no calor do momento e depois se arrependa.

Alinhar essas duas âncoras fornece os limites dentro dos quais você tem espaço para operar.

Próxima etapa... como enquadrar o valor de sua oferta de maneira convincente!

ENQUADRANDO SEU VALOR PERSUASIVAMENTE

Mestres negociadores e vendedores entendem o imenso poder de enquadrar habilidosamente qualquer proposta de maneira que ressoe com os interesses e valores mais profundos da outra parte.

Em vez de apenas declarar um número, eles embrulham sua oferta dentro de uma história cativante, apoiada por evidências sólidas.

Por exemplo, para justificar um preço **PREMIUM**, enfatize resultados excepcionais que outros clientes obtiveram. Ou demonstre como seu produto economizará muito mais do que seu custo ao longo de 5 anos de uso.

Outra abordagem é vincular seu valor a métricas mais amplas importantes para o cliente como satisfação do usuário, inovação sustentável, contribuições para a comunidade ou centralização da segurança digital.

No geral, quanto mais significado e impacto você vincular a seu preço, mais persuasiva sua proposta se torna. As pessoas negociam com base na percepção de valor, não apenas em números absolutos.

Portanto, embrulhe cada oferta em termos que reverberem profundamente como uma história convincente, não apenas estatísticas frias.

ALAVANCANDO TÉCNICAS ESTRATÉGICAS DE CONCESSÃO

Uma questão crítica em qualquer barganha é como sequenciar concessões para extrair os melhores termos sem conceder demais cedo demais.

Uma técnica hábil para fazer isso é vincular cada concessão a um benefício proporcional para a outra parte. Em outras palavras:

"Se você fizer X, então eu posso fazer Y"

Por exemplo:

"Se pudermos estender o contrato de serviço de 1 para 3 anos, então posso reduzir a taxa anual em 10%."

Isso permite que você faça barganhas maiores que beneficiam seu lado, anexadas a benefícios correspondentes suficientes para incentivar a outra parte a concordar.

Essa abordagem de vínculo também protege contra dar muito unilateralmente sem receber nada em troca. Você mantém o equilíbrio de poder central.

Algumas variações adicionais incluem:

"Se pudermos mudar a data de entrega para o dia 15, aumentarei o desconto para 12%."

"Posso fornecer suporte 24 horas por dia se nossa taxa mensal aumentar em 5 dólares por usuário para cobrir os custos."

Veja como vinculando diplomaticamente **DEMANDAS** a **CONCESSÕES** você pode negociar termos muito mais favoráveis sem parecer inflexível ou ganancioso?

SINAIS PARA OFERECER PRIMEIRO OU ESPERAR

Às vezes, apresentar a primeira oferta lhe dá a vantagem de ancorar a expectativa da outra parte em torno de seu número inicial.

Mas oferecer primeiro também elimina seu valioso poder de reagir, negociar e barganhar a partir daí.

Então, qual é o melhor movimento?

Bem, depende inteiramente de você estar negociando em um mercado de comprador ou vendedor.

Em mercados de **COMPRADOR** onde há muita demanda e pouca oferta, vendedores geralmente precisam cotar primeiro. Mas em mercados de vendedor, os compradores geralmente esperam o vendedor estabelecer expectativas.

Além do ambiente do mercado, seu poder relativo de influência e a urgência das partes também afetam quem deve ir primeiro.

Mas independentemente de quem fizer a primeira oferta, você agora tem ferramentas poderosas para responder estrategicamente a partir daí, tornando-a o piso, não o teto final!

RESPONDENDO A ULTIMATOS E OUTRAS TÁTICAS DE PRESSÃO

Ocasionalmente durante uma negociação, a outra parte pode tentar forçá-lo a fazer concessões através de blefes, ultimatos falsos ou outros truques manipuladores.

Nunca se apresse ou pare desesperado quando isso acontecer! Em vez disso, responda com calma afirmando seus termos ou condições absolutas claramente.

Por exemplo:

> "Não posso concordar com esse cronograma tão apertado dado o escopo substancial. O mais cedo que poderíamos entregar uma solução responsável seria em 10 semanas."

Ou se realmente não precisar muito do acordo, você pode simplesmente chamar a bluff educadamente:

> "Se esse prazo não pode ser estendido, entendo completamente se você precisar procurar outra opção. Desejo o melhor para você."

Isso raramente falha em fazer com que a outra parte volte atrás na exigência irracional. Mas se não voltarem atrás, você também deve estar preparado para abandonar o acordo, mantendo sua dignidade intacta.

Em geral, quando enfrenta táticas de pressão, mantenha-se firme em princípios, embora flexível nos detalhes. Isso protege você enquanto ainda demonstra razoabilidade.

Reconhecendo o momento certo para fechar

Saber exatamente **QUANDO** fechar o acordo também é primordial para garantir que você não deixe dinheiro na mesa prematuramente.

Então, como você sabe quando é a hora certa?

Aqui estão os sinais principais:

- Quando você atingiu a maioria de seus principais objetivos não negociáveis

- Quando múltiplas rodadas de barganha já ocorreram sem novos ganhos significativos

- Quando você esgotou outras alavancas ou moeda de troca na conversa

- Quando perguntas finais sobre satisfação são respondidas positivamente

Em outras palavras, continue negociando até que avançar mais coloque em risco os ganhos já garantidos sem potencial proporcional extra suficiente.

No ponto onde você atingiu a vitória principal ao mesmo tempo que protegeu o relacionamento e a boa vontade, estendendo muito além disso geralmente produz ganhos marginais decrescentes.

É melhor consolidar e proteger o que já conquistou - e depois depender de negociações futuras adicionais para novas melhorias incrementais. Sua contraparte estará muito mais aberta depois que um acordo justo já estiver fechado e a poeira assentada.

IDENTIFICANDO E USANDO 'CISNES NEGROS': REVELANDO E EXPLORANDO INFORMAÇÕES OCULTAS

Este capítulo tratará de um conceito poderoso que pode fazer uma grande diferença em suas habilidades de negociação: os "cisnes negros".

O que são cisnes negros? Eles são eventos improváveis, de alto impacto e difícil previsão. Em outras palavras, são surpresas que têm consequências significativas. Muitas vezes, eles revelam informações valiosas que estavam anteriormente ocultas ou não consideradas.

Na negociação, identificar possíveis cisnes negros pode lhe dar uma vantagem crucial. Você pode antecipar cenários que outros não veem e se preparar para explorá-los a seu favor. Este capítulo explicará como fazer isso.

Primeiro, falaremos sobre como os cisnes negros se relacionam com a negociação. Depois, veremos como identificá-los com mais eficiência e explorar as informações que eles revelam. Por fim, vou apresentar algumas formas de incorporar essa abordagem às suas estratégias de negociação.

Se aplicado corretamente, o conceito dos cisnes negros pode melhorar muito seus resultados. Então vamos mergulhar neste tema!

O IMPACTO DOS CISNES NEGROS NA NEGOCIAÇÃO

A metáfora dos "cisnes negros" foi popularizada pelo escritor e ex-operador de Wall Street Nassim Nicholas Taleb. Em seu best-seller de 2007, "A lógica do cisne negro", Taleb argumenta que grandes eventos históricos e avanços científicos são frequentemente resultados imprevisíveis de causas improváveis.

Esses eventos têm três características principais:

- São improváveis e difíceis de prever com métodos tradicionais.

- Têm um impacto extremo e de longo alcance.

- Mesmo depois que ocorrem, ainda parecem improváveis e imprevisíveis. Só podemos racionalizá-los retroativamente.

Exemplos famosos incluem a ascensão da internet, os ataques de 11 de setembro e a crise financeira global de 2008.

Em negociações individuais, os cisnes negros podem surgir em duas formas principais:

- Mudanças imprevistas no contexto: novos acontecimentos externos que alteram completamente o cenário, abrindo novas possibilidades e fechando outras. Por exemplo: uma crise econômica, um concorrente que fica fora do mercado, uma nova tecnologia disruptiva.

- Novas informações sobre a outra parte: você descobre algo inesperado e importante sobre quem está negociando com você. Isso muda totalmente sua visão e estratégia sobre aquela negociação específica.

Identificar possíveis cisnes negros é crucial para se preparar para o inesperado e explorá-lo a seu favor. Negociadores habilidosos estão sempre vigilantes, à procura de sinais de mudanças não previstas no contexto ou informações ocultas sobre a outra parte. Assim, eles conseguem se adaptar rapidamente e tirar vantagem dessas surpresas.

Vejamos agora algumas formas de revelar e explorar esses "cisnes negros" em suas negociações.

IDENTIFICANDO CISNES NEGROS COM MAIS EFICIÊNCIA

Há certos princípios e técnicas que podem aumentar suas chances de detectar cisnes negros antes que outros. Eis algumas dicas para ficar atento a esses eventos surpresa:

- Questione pressupostos e expectativas padrão

Muitas vezes, um cisne negro parece impossível justamente porque fazemos suposições inconscientes sobre o que "deve" acontecer. Por exemplo, presumir que um importante cliente sempre cumprirá os prazos do contrato. Ou que um determinado concorrente não entrará em nossa região de atuação. Desafie esses pressupostos analisando alternativas e cenários menos prováveis. Isso ampliará sua visão.

- Estude exceções e anomalias

Preste muita atenção nos dados que "não se encaixam". Casos atípicos podem sinalizar mudanças mais amplas no futuro. Por exemplo, um cliente regional começa a fazer pedidos muito acima do normal, talvez indicando expansão para outras áreas.

- Ouça perspectivas de fora da bolha

Busque opiniões diversas, principalmente de pessoas de fora do seu círculo imediato. Elas podem perceber padrões que você não vê. Converse com clientes, parceiros, funcionários de nível operacional, pessoas de outras indústrias.

- Analise micro sinais

Fique atento aos menores indícios, como mudanças sutis no tom de voz ou linguagem corporal da outra parte, palavras diferentes das usuais, hesitações etc. Detectar esses sinais ajuda a identificar informações ocultas.

- Use simulações e visualizações

Faça exercícios hipotéticos, simulando cenários alternativos e improváveis. Ou visualize, de forma vívida e detalhada, como essas situações aconteceriam e como você agiria. Isso expande sua capacidade de reconhecer e aproveitar cisnes negros.

Esses são só alguns caminhos para aumentar sua "sensibilidade" a eventos e informações inesperadas. Quanto mais você praticar, melhor ficará.

Agora, vejamos o que fazer quando um cisne negro realmente aparece.

EXPLORANDO INFORMAÇÕES OCULTAS REVELADAS PELOS CISNES NEGROS

Detectar a tempo um cisne negro já é um grande passo. Mas o melhor deles é que esses eventos geralmente revelam informações valiosas anteriormente ocultas ou despercebidas.

Seja uma mudança drástica no contexto externo ou uma nova informação sobre a outra parte, o cisne negro sinaliza uma ruptura em relação ao que se esperava. Isso abre espaço para novas possibilidades e abordagens criativas.

Em uma negociação, quando um cisne negro surgir, você deve responder rápida e assertivamente, explorando ao máximo suas implicações:

- Investigue a fundo a nova situação

Faça muitas perguntas para entender exatamente o que mudou, por que e como isso afeta a negociação.

- Avalie opções anteriormente inviáveis

O que esse novo cenário permite ou exclui em termos de acordos possíveis? Quais abordagens fazem mais sentido agora?

- Identifique alavancas e fragilidades

Onde a outra parte fica mais vulnerável com essa reviravolta de jogo? E onde você fica? Adaptar a estratégia para explorar esses pontos é chave.

- Modifique demandas e ofertas

Ajuste seus termos, preços, condições etc., para

compatibilizá-los à nova realidade e tirar dela o máximo proveito possível.

- Comunique de forma estratégica

Use uma comunicação incisiva, focada no que essa informação revelada muda na negociação e no relacionamento. Isso aumenta suas chances de um acordo muito melhor.

Vale destacar também que às vezes o cisne negro muda totalmente a visão que você tinha sobre aquela outra parte. Talvez eles não sejam exatamente quem você imaginava. Ou seus interesses reais são bem diferentes do que pareciam antes.

Nessas horas, é essencial suspender julgamentos prévios e deixar de lado as primeiras impressões. Foque apenas no que importa agora: entender a fundo essa nova perspectiva e explorá-la da melhor forma possível.

Agora que vimos os conceitos principais, é hora da parte mais importante: como aplicar isso na vida real.

INTEGRANDO CISNES NEGROS ÀS SUAS ESTRATÉGIAS DE NEGOCIAÇÃO

Há várias formas de colocar em prática essa mentalidade de identificar e aproveitar cisnes negros. Aqui vão algumas dicas para incorporar isso em seu dia a dia:

Antes das negociações:

Analise o contexto de forma ampla, questionando pressupostos limitantes sobre o que pode ou não mudar repentinamente.

Pesquise muito sobre todas as partes envolvidas, buscando entender profundamente seus modelos de negócios, prioridades estratégicas, abordagens típicas etc. Isso ajuda a perceber informações contraditórias que podem surgir depois.

Visualize alternativas, imaginando mudanças de contexto e novas revelações que alterariam sua estratégia. Isso diminui o fator surpresa se essas situações realmente acontecerem.

Durante as negociações:

Ouça com atenção extrema tudo que os outros falam, principalmente sinais que contradigam suposições anteriores sobre eles.

Faça perguntas do tipo "e se...", explorando opções e informações que ninguém havia considerado. Isso pode revelar cisnes negros em potencial.

Observe meticulosamente linguagem corporal e outros micro sinais, captando qualquer indício de mudanças não verbais na postura dos outros.

Quando uma surpresa surgir, investigue-a a fundo fazendo perguntas diretas e incisivas. Não tenha medo de encarar de frente informações novas, por mais chocantes que sejam.

Depois das negociações:

Revisite os processos, analisando onde suas premissas iniciais falharam e quais informações contraditórias ou mudanças no contexto foram decisivas.

Pense em melhorias nos seus sistemas de pesquisa e preparação, visando fechar lacunas que impediram a detecção antecipada dessas surpresas.

Existem muitas outras formas de aplicar a mentalidade do cisne negro. O principal é mantê-la sempre em mente, esperando o inesperado e preparando-se para explorar novas situações em seu benefício.

Neste capítulo, você viu um novo modelo para encarar as negociações: considerando a possibilidade de cisnes negros, eventos improváveis porém impactantes que revelam valiosas informações ocultas.

Vimos as características principais desses acontecimentos surpresa e como eles podem surgir nas negociações. Depois, analisamos formas de identificá-los com mais eficiência e explorar ao máximo as novas perspectivas que eles trazem.

Por fim, você recebeu várias dicas práticas sobre como integrar essa mentalidade em sua preparação, execução e revisão de negociações futuras.

Dominar esse tema pode mudar completamente seus resultados, permitindo que antecipe e tire vantagem de informações que outros não veem. Você fica apto a explorar com maestria até os cenários mais imprevisíveis!

No próximo capítulo, mergulharemos em outro conceito essencial: garantindo a execução de acordos. Veja como assegurar que o que foi combinado realmente acontecerá na prática.

GARANTINDO A EXECUÇÃO: COMO ASSEGURAR QUE ACORDOS SEJAM CUMPRIDOS

No capítulo anterior, falamos sobre como identificar e explorar "cisnes negros" - eventos improváveis que revelam valiosas informações ocultas. Usar essa mentalidade vai melhorar muito sua capacidade de lidar com surpresas e cenários imprevisíveis.

Agora, mergulharemos em outro conceito crucial: garantir a execução dos acordos fechados. Afinal, de nada adianta ser um excelente negociador e fechar ótimos negócios se eles não forem cumpridos depois!

Este será um capítulo para você realmente dominar esse tema. Veremos:

- Por que garantir execução é essencial

- As 5 etapas para negócios que virão à tona

- Técnicas legislativas e executórias

- Adaptando o monitoramento ao contexto

- Lidando com imprevistos na execução

- Fechando as lacunas que permitiram o descumprimento

Ao final deste capítulo, você estará apto a fazer acordos sólidos, que serão efetivamente entregues por todas as partes. Vamos começar!

POR QUE GARANTIR EXECUÇÃO É ESSENCIAL

Em muitas negociações, fechar o acordo já parece um resultado excelente. Fizemos concessões, alinhamos termos, superamos impasses. Parece que o mais difícil ficou para trás.

Porém, na verdade o desafio maior muitas vezes é justamente assegurar que tudo que foi combinado seja de fato entregue depois! Estatísticas mostram que mais de 70% dos acordos de negócios não são totalmente executados.

Isso acontece por vários motivos: mudanças no cenário, falhas de comunicação, prioridades que se alteram com o tempo etc. Mas em grande parte, o problema está na forma como a negociação original foi conduzida. Não criamos mecanismos sólidos o suficiente para garantir a execução ao longo do tempo. Fica apenas na base da confiança ou de promessas frágeis.

Por isso, negociadores experientes investem tanto tempo em eliminar incertezas sobre a entrega futura. Eles sabem que o acordo só terá valor real se virar realidade de forma integral. Senão, todo esforço terá sido em vão.

Garantir execução deve ser uma de suas máximas prioridades ao negociar. Na próxima seção, veremos um roteiro estruturado para alcançar esse objetivo.

AS 5 ETAPAS PARA NEGÓCIOS QUE VIRÃO À TONA

Há um processo bem definido utilizado por negociadores de alto nível para que seus acordos se tornem realidade:

Etapa 1: Eliminar ambiguidades

> Primeiro, é preciso máxima clareza sobre exatamente o que cada lado promete entregar, e quando. Tudo deve estar extremamente bem definido, sem brechas para interpretações dúbias depois.

> Isso envolve descrever em minúcias o escopo, cronograma, marcos, responsáveis, termos financeiros e todas as métricas objetivas do acordo. Cada detalhe deve ser cristalino para ambos os lados.

Etapa 2: Fortalecer obrigações

> Depois de eliminar ambiguidades, é hora de "endurecer" o acordo, criando verdadeiras obrigações que serão cumpridas a todo custo pelas partes:

>> Estabelecer resultados esperados muito claros, e as consequências caso não sejam alcançados.

>> Inserir no acordo incentivos e penalidades financeiras

associadas ao cumprimento (ou não) de cada marco.

Obter garantias sólidas: avalistas, seguros, cauções. Entidades externas que se responsabilizam se algo der errado.

Etapa 3: Alinhar expectativas internas

Muitas vezes o entrave está na execução interna de cada lado, não na relação entre eles. Por isso, é preciso garantir alinhamento total dentro das respectivas organizações:

Definir quem são os responsáveis internos em cada empresa para viabilizar essa entrega.

Comunicar de forma muito clara o acordo aos envolvidos, garantindo que não haverá ruídos de interpretação.

Coletar formalmente o aceite em todas as áreas sobre os termos negociados, evitando surpresas.

Etapa 4: Criar mecanismos de acompanhamento

Feito tudo isso, ainda é essencial criar formas de monitorar continuamente o andamento da execução:

Estabelecer comunicações periódicas obrigatórias para checar o status.

Padronizar modelos de relatório ou instrumentos de medição dos indicadores acordados.

Marcar reuniões ou chamadas em conferência nos marcos críticos, para validar conjuntamente os resultados.

Etapa 5: Planejar respostas rápidas

Mesmo com tudo isso, imprevistos acontecem. Então, é crucial mapear antecipadamente como lidar rapidamente com possíveis problemas:

Criar protocolos para resolução ágil de questões e como alertar sobre atrasos ou demandar ajustes.

Definir responsáveis para tomar decisões emergenciais em cada empresa, se os principais não puderem ser contactados.

Estabelecer opções alternativas caso algum elemento do acordo não possa ser cumprido da forma originalmente planejada devido a mudanças repentinas no cenário.

Esse é o fluxo ideal. Agora, vamos aprofundar algumas técnicas-chave dentro de cada etapa.

TÉCNICAS LEGISLATIVAS E EXECUTÓRIAS

Dentro de um acordo de negócios bem fechado, sempre haverá duas camadas complementares:

- Cláusulas legislativas: que definem claramente os termos em si, eliminando ambiguidades.

- Mecanismos executórios: que efetivamente garantirão que tudo seja cumprido na prática.

Vamos ver com mais detalhes como lidar com cada uma:

Técnicas Legislativas

São os dispositivos do acordo que descrevem de forma cristalina o que foi combinado entre as partes. Eles deixam claro, em linguagem objetiva, todas as métricas e marcos essenciais.

Lembre-se: nada pode ficar subentendido! Cada elemento importante deve aparecer de forma explícita no texto do acordo.

Alguns exemplos de cláusulas legislativas poderosas:

- Detalhar passo a passo o escopo entregue por cada parte em cada fase.

- Definir prazos e datas rígidos para a realização de marcos específicos do projeto ou serviço contratado.

- Estabelecer valores e formas de pagamento muito específicos, vinculados à finalização de cada etapa.

- Listar punições financeiras ou operacionais a serem aplicadas no caso de atrasos ou problemas na execução.

Esses itens eliminam espaços para interpretações erradas ou descumprimentos acidentais. Tudo que será feito está lá, preto no branco, sem brechas.

Técnicas executórias

Por sua vez, os mecanismos executórios visam garantir que os termos legislativos serão necessariamente cumpridos. Eles criam consequências e incentivos para que tudo ocorra conforme o combinado.

Exemplos:

- Seguros ou garantias financeiras prestadas por terceiros que cobrirão integralmente o cliente caso a outra parte falhe na entrega.

- Cláusulas que preveem a transferência definitiva de certos direitos, propriedades ou valores no caso do não atendimento das métricas e prazos definidos no contrato.

- Multas ou indenizações compulsórias a serem pagas automaticamente se algum marco não for satisfeito.

Essas medidas criam um ambiente em que simplesmente não é opcional não cumprir os termos. Facilitam também a rápida resolução ou compensação, caso ainda assim algo dê errado.

Enfim, combinando técnicas legislativas e executórias poderosas, seus acordos se tornarão praticamente à prova de falhas durante a execução.

Mas nem tudo se resolve no texto do contrato. A fase seguinte é criar estruturas adequadas de governança e acompanhamento das entregas.

ADAPTANDO O MONITORAMENTO AO CONTEXTO

Além de construir um acordo blindado, também é crucial montar mecanismos inteligentes de monitoramento da execução. Eles possibilitam que você detecte rapidamente quaisquer problemas e atue para resolvê-los.

Porém, cada negociação tem características únicas. Os mecanismos de acompanhamento devem ser adaptados caso a caso, considerando:

- **Porte do acordo:** acordo de milhões de reais justifica estruturas mais robustas do que negócios menores.

- **Duração da execução:** entregas que levam meses exigem processos mais estruturados do que projetos rápidos.

- **Quantidade de envolvidos:** mais pessoas de ambos os lados aumenta o risco de ruídos e requer comunicações regulares.

- **Grau de interdependência:** projetos com muitas integrações contínuas entre os envolvidos demandam coordenação intensiva.

- **Dinamismo do contexto:** cenários externos em rápida mudança obrigam checagens de premissas mais frequentes.

- **Porte dos riscos:** consequências catastróficas potenciais requerem esforços preventivos mais pesados.

- **Histórico entre as partes:** relacionamentos longevos e estáveis precisam de menos supervisão do que um primeiro projeto em conjunto.

Calibre seus mecanismos de governança e monitoramento considerando todos esses elementos. Alguns exemplos de ferramentas úteis:

- Relatórios ou painéis para acompanhar indicadores-chave de desempenho referentes aos marcos.

- Comitê conjunto com líderes dos dois lados para supervisionar o andamento em marcas críticas.

- Auditorias especiais ou avaliações de saúde rápidas quando métricas importante se desviam muito do planejado.

O segredo é ter instrumentos que detectem imediatamente qualquer risco ao acordo e permitam ações e medidas corretivas.

Falamos muito sobre prevenção. Mas e quando os imprevistos acontecem mesmo assim?

LIDANDO COM IMPREVISTOS NA EXECUÇÃO

Por melhores que sejam suas técnicas preventivas, problemas podem surgir durante a execução do acordo:

- Alterações de contexto que inviabilizam determinados termos originalmente acordados.

- Mal entendidos ou falhas de alinhamento dentro de uma das partes.

- Erros não intencionais que impactam prazos ou entregas.

- Novas lideranças que questionam compromissos feitos anteriormente.

A chave é ter mecanismos definidos antecipadamente para resolver rápida e objetivamente qualquer problema. Isso evita que questões pontuais coloquem o acordo inteiro em risco.

Alguns protocolos eficazes para administrar imprevistos:

- **Comitê de escalonamento:** fórum com executivos

autorizados a tomar decisões emergenciais se as pessoas originais não puderem ser consultadas a tempo.

- Processo de disputa e resolução: caminho claramente mapeado para resolver disputas técnicas ou jurídicas de forma ágil, sem romper o acordo.

- Cláusulas de força maior: que removem sanções caso uma parte comprove absolutamente que não teve qualquer culpa pelo problema surgido.

- Mediadores externos registrados no contrato: consultores ou empresas independentes que auxiliam quando impasses mais sérios acontecem, sem necessidade de ir para a justiça.

- Opções alternativas ou planos B: caminhos secundários previamente viabilizados para efetuar a mesma entrega de forma diferente, caso o plano A se torne inviável por algum motivo excepcional.

Novamente, o foco é garantir meios de contornar os imprevistos sem que o acordo em si seja afetado. Isso mantém o relacionamento intacto.

Por fim, mesmo que todos os protocolos tenham sido seguidos, ainda assim uma falha pode ocorrer. E agora, o que fazer?

FECHANDO AS LACUNAS QUE PERMITIRAM O DESCUMPRIMENTO

Após um problema sério na execução, além de resolver aquela situação específica, é essencial também melhorar seus próprios processos para que falhas equivalentes não ocorram novamente no futuro.

É importante conduzir uma análise aprofundada, sem intenção de encontrar culpados, mas aprendendo lições críticas. Pergunte-se honestamente:

- Quais sinais antecipados de risco nos deixaram passar? Como poderíamos tê-los identificado antes?

- Que cláusulas ou mecanismos executórios falharam na prevenção ou contenção do problema? O que poderia ter sido feito diferente?

- Nossos protocolos de governança e resposta a imprevistos não foram suficientes? O que precisaria ser alterado?

- Existem ambiguidades, brechas ou inconsistências no contrato original que acabaram sendo exploradas de forma oportunista por algum dos lados? Onde nossa redação poderia ter sido mais inteligente e à prova de falhas?

Faça uma análise construtiva, com foco em melhoria contínua. Isso fará não apenas este acordo ser reparado, mas garantirá que você vai negociar e operacionalizar muito melhor no futuro.

Neste capítulo, você viu o quão vital é garantir que acordos sejam integralmente executados na prática, e não só no papel.

Analisamos um roteiro de 5 etapas para maximizar essas chances, eliminando brechas desde a redação inicial até o acompanhamento diligente pós-assinatura.

Você também recebeu vários exemplos de técnicas legislativas e executórias para tornar seus contratos muito mais sólidos e à prova de imprevistos.

Por fim, vimos a importância de aprender com os problemas, fazendo melhorias contínuas em seus processos de negociação e operacionalização de acordos complexos.

Espero que este capítulo o ajude a alcançar não só vitórias temporárias na mesa de negociação, mas ganhos práticos e duradores ao garantir a efetiva realização do combinado.

No próximo módulo, iniciaremos nossa conclusão analisando o caminho para aplicar na prática todo conteúdo do livro. Até lá!

CONCLUSÃO E MAPA PARA ORGANIZAR O PROCESSO DE VENDAS E PÓS-VENDAS NA PRÁTICA

Chegamos à conclusão deste livro sobre maestria em negociações complexas. Mais especificamente, sobre como maximizar resultados aplicando conceitos avançados.

Nas páginas anteriores, vimos dois módulos poderosos:

- Identificando e explorando cisnes negros: surpresas improváveis que abrem espaço para novas abordagens criativas.

- Técnicas para garantir a execução dos acordos fechados, assegurando que eles saiam realmente do papel.

Agora, neste capítulo final, farei um apanhado geral sobre como equilibrar essas visões e aplicá-las para organizar com maestria seu processo completo de vendas consultivas e gerenciamento de projetos de alta complexidade.

Tratarei este tópico em duas fases:

- Vendas consultivas de alto valor

- Entregas complexas no pós-vendas

Vejamos as melhores práticas em cada caso.

VENDAS CONSULTIVAS DE ALTO VALOR

Você já deve estar acostumado com os processos tradicionais de venda: entender necessidades, apresentar soluções, mostrar cases, fazer propostas etc.

Porém, vendas muito complexas exigem mais. É preciso ir além, conduzindo um trabalho verdadeiramente consultivo com seus clientes.

Isso envolve atuar muito próximo da alta liderança deles, sendo praticamente um parceiro estratégico. Diferenciais fundamentais nesse modelo:

- **Foco em valor de negócio, mais do que em propostas e preços:** entender o contexto e desafios gerais do cliente e propor caminhos para turbinar seus resultados.

- Visão por projetos e entregas completas: desenhar soluções que combinam seus produtos/serviços com mudanças nos processos, modelos operacionais e até na cultura organizacional deles.

- Contratos vinculados a métricas estratégicas dos clientes: seus ganhos estarão atrelados aos ganhos que você vai gerar lá dentro em KPIs críticos: lucratividade, market share, NPS etc.

Ou seja, você atuará como um especialista que não apenas vende, mas estrutura e lidera projetos de grande porte dentro dessas organizações.

Isso demanda preparação e metodologias sofisticadas na condução das vendas. Vejamos alguns pontos-chave.

PESQUISA E PLANEJAMENTO PROFUNDOS

Antes mesmo de seu primeiro contato com a alta liderança do cliente em potencial, sua equipe deve mergulhar em pesquisa extensiva, modelando seu contexto, mercado e indicadores.

É preciso sair do óbvio e trazer à tona insights que nem eles tinham clareza, explorando conexões pouco usuais que você poderia alavancar.

Tendo uma visão ampla e aprofundada do território deles, você pode começar a delinear caminhos alternativos para gerar valor ainda não explorado.

Só então inicie suas conversas. Demonstrar clara expertise sobre o universo real de atuação deles – em nível muitas vezes mais sofisticado que o próprio cliente tem – já será seu primeiro grande diferencial competitivo.

ABORDAGEM PELA DOR PROFUNDA, NÃO SUPERFICIAL

Ao dialogar com os líderes do negócio, evite a armadilha de

se concentrar nos desafios mais óbvios e frequentes que eles encaram. Todo mundo já tentou resolver os problemas superficiais deles, sem sucesso definitivo.

Sua meta é identificar dores muito mais profundas, que estão na raiz e são as reais causadoras dos sintomas repetitivos com que eles já aprenderam a conviver.

Isso pode envolver dilemas culturais enraizados, contradições nos incentivos internos, conflitos políticos históricos dentro da organização etc.

Novamente, sua visão 360°, multidisciplinar e livre de vieses sobre aquele ambiente permitirá enxergar muito além das queixas genéricas. Fazendo isso, você se posicionará na vanguarda, trazendo uma abordagem e um nível de parceria que ninguém apresentou antes.

CONECTANDO RESULTADOS FINANCEIROS E IMPACTO CULTURAL

Com base nessa dor profunda identificada em seus diagnósticos, comece a delinear uma solução customizada que combine seus produtos/serviços com alterações amplas nos processos, estrutura organizacional e comportamentos internos do cliente.

O crucial aqui é tornar essa proposta integrada muito tangível e pragmática desde o início. Mostre exatamente como cada iniciativa influenciará as métricas financeiras core, ao passo que também gerará reflexos culturais na atuação das equipes a longo prazo.

Esse mix entre ganhos imediatos e transformações comportamentais duradouras é muito poderoso e difícil de ser copiado pela concorrência.

CONSTRUINDO A JUSTIFICATIVA PARA O INVESTIMENTO

Com sua proposta já bem conceituada e detalhada, é hora de quantificar tudo em uma projeção sólida de retornos.

Essa justificativa para o investimento deve derivar valores muito específicos sobre quanto aquele projeto customizado pode agregar em termos de receita adicional, redução de custos internos, ganhos de produtividade, diminuição do churn, etc. para o negócio do cliente nos próximos anos.

Todos os seus números devem ser fundamentados por benchmarks, cases reais e referências sólidas de mercado. Mas o conjunto final precisa ser específico para a realidade única daquele cliente.

Faça também projeções conservadoras, realistas e até pessimistas, provando a força do seu modelo mesmo considerando cenários de estresse. Dessa forma, oportunidades de ganho adicional serão vistas como bônus caso o cenário real seja mais positivo.

ENTREGANDO MELHORIAS DESDE O PRIMEIRO DIA

Uma armadilha comum em projetos de longo prazo é o tempo necessário para gerar resultados efetivamente percebidos pelo cliente. Para evitar ansiedade e abandonos prematuros, você precisa garantir vitórias rápidas e relevantes.

Criar melhorias automatizadas que podem ser implementadas muito cedo, mesmo antes da aprovação formal do projeto completo, já trazendo resultados práticos visíveis.

Isso gera credibilidade e recorrência de uso, além de financiar os demais custos. Não tenha receio de aplicar seus conhecimentos para aperfeiçoar processos internos deles logo nos primeiros meses.

CONTRATOS VINCULADOS A METRIFICAÇÃO SÓLIDA

Chegamos a outro ponto fundamental: a forma de vincular suas entregas e ganhos aos KPIs estratégicos que realmente importam para o negócio deles: market share regional, NPS por segmento comprador, etc.

Crie um modelo fluido em que você assume parcela considerável do risco, com ganhos variáveis atrelados ao sucesso mensurável proporcionado dentro dos próprios objetivos críticos deles.

Isso alinha incentivos totalmente entre você, elimina atritos políticos internos lá e blinda seus projetos mesmo ante mudança de lideranças. Afinal, você só será bem sucedido se efetivamente entregar aquilo que é vital para a perpetuidade estratégica deles.

Essa forma de abordagem consultiva, focada em valor de negócio e com contratos flexíveis atrelados a ganhos reais, é o que vai destacar suas propostas complexas da concorrência.

Agora, falemos sobre o próximo desafio: garantir entregas impecáveis no pós-venda.

ENTREGAS COMPLEXAS NO PÓS-VENDAS

Parabéns! Seguindo os princípios acima, você deve ter conseguido fechar vários projetos desafiadores junto a grandes clientes. Porém, o trabalho maior começa agora.

É hora de executar tudo que você propôs – e os riscos são enormes. Basta uma falha pontual para colocar a reputação conquistada em risco. Como proceder?

A seguir, compartilharei um conjunto de melhores práticas para garantir maximizar sucesso nessas jornadas longas e cheias de variáveis fora do seu controle.

MAPEANDO RISCOS EM PROFUNDIDADE

Logo depois da assinatura final do contrato, reúna suas equipes internas e alguns executivos do cliente para uma extensa avaliação de riscos.

O objetivo é mapear absolutamente tudo que pode dar errado em um projeto daquela complexidade e com aquelas características únicas.

Não se limite aos riscos óbvios. Explore vulnerabilidades muito pouco usuais, mas que podem se materializar. Analise as interdependências entre sistemas, áreas e unidades de negócio.

Entenda as dinâmicas políticas e histórico cultural por trás de potenciais conflitos organizacionais. Identifique cisnes negros em potencial.

Catalogue todas as ameaças cruzando impactos e probabilidades. E comece a desenhar contingências sólidas para cada uma delas, evitando surpresas desagradáveis posteriormente.

FORMALIZAÇÃO APOIADA EM GERENCIAMENTO DE PROCESSOS DE NEGÓCIOS FLEXÍVEIS

Com tantos clientes internos e externos envolvidos, seu projeto pode rapidamente sair do controle com mal-entendidos ou vícios informais de comunicação.

Por isso, formalizar absolutamente tudo em gerenciamento de processos de negócios claros é fundamental. Porém, esses processos não podem ser engessados demais.

Desenhe fluxos bem definidos, porém com algoritmos condicionais que disparem ações ou alertas automaticamente frente a desvios ou casos excepcionais.

Isso protege a execução por meio da formalidade, mas permite adaptabilidade em casos não tão usuais. Invista pesado em analistas de processos e arquitetos de automações para viabilizar isso.

COMITÊ DE GOVERNANÇA DE ALTO NÍVEL

Mesmo mapeando tudo minuciosamente e formalizado processos, uma camada adicional de supervisão se faz necessária em projetos multifuncionais: um comitê de governança de alto nível.

Reúna periodicamente (ritmo mensal inicial, diminuindo conforme a maturidade) os principais executivos de ambos os lados para checar o "pulso" do projeto.

Avaliem os indicadores formais, mas deem espaço também para ventilação de preocupações, ruídos específicos ainda não endereçados pelas estruturas padrão etc.

Essa camada mais política e menos técnica é importante para calibrar expectativas, alinhar versões e evitar vácuos de liderança mesmo com tantos envolvidos pulverizados.

AUDITORIAS PREVENTIVAS E CORRETIVAS

Por mais excelente que seja seu planejamento, a realidade é sempre mais complexa. Questões não mapeadas emergirão.

Não espere os indicadores de desempenho formal descolarem muito da meta para você agir. Fique atento aos sinais fracos: pequenas inconsistências, atrasinhos localizados, rachadinhas políticas etc.

Assim que algo estiver fora do padrão, mesmo em escala limitada, dispare uma auditoria preventiva, com especialistas de fora daquele fluxo específico.

Essa visão externa ajudará a revelar lacunas antes não percebidas, além de alertar os players sobre o foco diligente na excelência.

Não puna ninguém nessa fase (exceto em casos de má-fé), apenas corrija processos. Mas deixe claro que desvios recorrentes após as correções terão consequências. Isso incentiva a conformidade sem gerar temores internos.

ACOMPANHAMENTO CONTÍNUO DOS RESULTADOS

Por fim, estabeleça uma rotina robusta e multifacetada para rastrear resultados e KPIs formais ao longo de todas as fases.

Usem suas análises de dados para criar dashboards automáticos, conectando inputs diversos. Desdobre tudo em metas e métricas específicas, unidades, equipe, funções etc.

Valorize a transparência interna, permitindo que todos monitorem o desempenho de todos. Isso estimula a colaboração e correções mútuas rápidas.

E brinde seus sucessos, mesmo que os incrementais. Manter todos engajados é crucial quando se tem ainda um longo caminho a percorrer.

Seguindo essas melhores práticas de gestão diligente de projetos complexos, seus resultados no pós-venda certamente estarão na altura da excelência já conquistada nas suas vendas consultivas de alto valor agregado que sabemos fazer tão bem!

Mas este livro não termina aqui...

PRÓXIMOS PASSOS

Amigo leitor, nosso tempo juntos neste livro chega agora ao fim. Espero que você tenha conseguido absorver as melhores técnicas e estratégias de negociações avançadas.

Mais especificamente, como integrar conceitos de identificação de oportunidades ocultas e garantia de execução para potencializar seus resultados em ambientes corporativos multifuncionais e cheios de variáveis complexas.

Porém, nosso trabalho não para por aqui. Constantemente produzo novos materiais complementares em texto, áudio e vídeo para aprofundar ainda mais esses conceitos e mostrar aplicações práticas.

Portanto, se ainda não estiver em nossa lista de contatos, cadastre-se para receber tudo que será produzido daqui pra frente. Serão insights e cases exclusivos, compartilhados apenas com nossa base de assinantes.

Espero encontrá-lo novamente em breve para continuarmos essa jornada de aprimoramento das suas habilidades de negociação e vendas.

Ao virarmos a última página desta jornada juntos, espero sinceramente que os aprendizados compartilhados aqui tenham tocado seu coração e despertado novas perspectivas. Se este livro lhe trouxe algum valor, peço gentilmente que dedique alguns momentos para deixar sua avaliação na Amazon. Suas palavras não apenas me ajudam a crescer e aprimorar minha arte, mas também guiam outros leitores em suas buscas por conhecimento e inspiração. Sua opinião é um presente valioso, tanto para mim quanto para a comunidade de leitores em busca de histórias que transformam. Agradeço de coração por compartilhar esta jornada comigo e espero que possamos nos encontrar novamente nas páginas de uma nova aventura.

REGINALDO OSNILDO

Olá, sou Reginaldo Osnildo, autor e inovador nas áreas de vendas, tecnologia, e estratégias de comunicação. Minha experiência abrange desde o ambiente acadêmico, como professor e pesquisador na Universidade do Sul de Santa Catarina, até a prática como estrategista no Grupo Catarinense de Rádios. Com um doutorado em narrativas de vendas e convergência digital, e um mestrado em storytelling e imaginário social, eu trago para meus leitores uma fusão única entre teoria e prática. Meu objetivo é fornecer conhecimento em uma linguagem simples, prática e didática, incentivando a aplicação direta na vida pessoal e profissional.

Atenciosamente

Prof. Dr. Reginaldo Osnildo

+55 48 991913865

reginaldoosnildo@gmail.com